⊙ 遊頭流錄

조식의
지리산
유람기,
—
—
유두류록

1558년 4월, 조식의 지리산 유람 경로

11일 ————————
① **삼가현 뇌룡사**
　합천군 삼가면 외토리 46
② **진주목 마현(馬峴)**
　진주시 옥봉동과 초전동을 잇는 고개
③ **진주목 대여촌 가방(加芳)**
　진주시 금산면 가방리 산58-1

14일 ————————
④ **사천현 구암(龜巖)**
　사천시 사천읍 구암리, 구계서원 부근

15일 ————————
⑤ **진주목 쾌재정(快哉亭)**
　사천시 축동면 구호리, 559번지 부근
⑥ **사천만 장암(場巖)**
　사천시 축동면 구호리, 사천만 안쪽
⑦ **노량(露梁) 바다**
　남해군 남해대교 일대 바다

16일 ————————
⑧ **섬진강 섬진(蟾津)**
　광양시 다압면 도사리, 섬진포구 부근
⑨ **악양현 삽암(鈒岩)**
　하동군 악양면 평사리 산71-3, 섬진강변
⑩ **화개현 도탄(陶灘)**
　하동군 화개면 덕은리, 영당마을 앞
⑪ **화개현 악양정(岳陽亭)**
　하동군 화개면 덕은리 815
⑫ **지리산 쌍계사(雙磎寺)**
　하동군 화개면 운수리 208

19일 ————————
⑬ **지리산 청학동(青鶴洞)**
　하동군 화개면 운수리,
　불일폭포(산46) 일대

20일 ————————
⑭ **지리산 신응동(神凝洞)**
　하동군 화개면 범왕리, 신흥마을 일대

23일 ————————
⑮ **악양현 현창(縣倉)**
　하동군 악양면 미점리 개치마을

24일 ————————
⑯ **악양현 삼가식현(三呵息峴)**
　하동군 악양면 신대리 삼화실재
⑰ **하동현 횡포역(橫浦驛)**
　하동군 횡천면 남산리 원동마을
⑱ **하동현 두리현(頭理峴)**
　하동군 횡천면 애치리 황토재
⑲ **진주목 정수역(旌樹驛)**
　하동군 옥종면 정수리,
　옥산서원 부근

25일 ————————
⑳ **진주목 칠송정(七松亭)**
　하동군 옥종면 대곡리, 칠송보 부근
㉑ **진주목 다회탄(多會灘)**
　하동군 옥종면 대곡리, 창촌교 부근
㉒ **삼가현 뇌룡사**
　합천군 삼가면 외토리 46

차
례

㊂

일반적인 관행에 따라 풀이합니다!

축어(逐語) 번역 유두류록

조식의 『유두류록』에 대하여,
이를 주해하여 번역한 일에 대하여

─────①

1558년 초여름, 조식은 지리산 청학동과 신응동 일대를 유람합니다. 김홍, 이공량, 이희안, 이정 등 네 명의 벗들과 함께입니다. 그리고 『유두류록』을 씁니다.

조선의 유학자들은 지리산을 방장산(方丈山)으로도 불렀습니다. 지리산을 신선이 살고 있는 곳이라 생각했던 것입니다. 유학자들에게 지리산은 온갖 꽃이 피고 청학이 날아오르는, 답답한 현실 너머에 존재하는 어떤 이상의 공간이었습니다. 그러나 조식에게 지리산은 현실 밖의 신선이 사는 곳만은 아니었습니다. 기이한 경치를 감상하는 곳만은 아니었습니다. 조식은 현실적인 삶과 동떨어진 이야기는 공허하다고 생각하는 유학자였습니다. 조식은 지리산을 유람하면서도 거경(居敬)과 행의(行義)를 강조한 유학자로서의 이념을 잃지 않습니다. 조식에게 지리산은 자신의 심신을 닦아서 덕을 쌓는 계기를 얻을 수 있는 곳이었습니다. '일에 대응하고 사물에 접하는 응사접물(應事接物)'의 공간이었습니다. 뿐만 아니라 지리산은 옛사람의 자취를 만날 수 있는 공간이었습니다. 무도한 세상에서 당당한 삶을 살았던 현자들의 역사가 남아 있는 곳이었습니다.

조식은 지리산을 유람하며 자신이 책에서 보았던 것을 마음으로 직접 느끼고, 몸으로 직접 실천해 보고자 했습니다. 그리고 『유두류록』을 통해 자신이 체득한 지리산을 이야기합니다. 조식과 같은 시대를 살았던 유학자 이황(李滉)은, 조식의 『유두류록』을 읽고 감탄을 금치 못합니다. "명승을 두루 찾아다니며 구경한 것 외에도 일에 따라 뜻을 붙여 놓았습니다. 분개하고 격앙하는 말이 많습니다. 사람들로 하여금 두려워하고 두려워하는 마음이 들도록 합니다. 뿐만 아니라 조식의 그 사람됨을 상상해 볼 수 있도록 합니다. 특히 하루 동안 햇빛을 쪼여주는 것만으로는 유익할 것이 없다거나, 위로 올라가는 일이나 아래로 종종걸음치는 일은 한번 발을 들어올리는 순간에 달려 있다는 말은 지극히 옳은 말입니다. 또 명철(明哲)한 현자들의 다행과 불행에 대한 이야기는 진실로 일천 년 영웅들에 대한 탄식을 자아낼 만합니다."

이후 조식의 지리산 유람과 『유두류록』은 조선의 유학자들에게 하나의 전범(典範)으로 여겨집니다. 많은 이들이 지리산을 찾아 조식이 보았던 것을 보고 조식이 느꼈던 것을 느끼고자 합니다. 조식과 같은 생각을 담은 유람기를 쓰고자 합니다. 평생 이를 소원합니다. 조식의 『유두류록』이 조선시대 산수 유람기의 흰눈썹(白眉)으로 일컬어지는 것은 그래서입니다.

———— ②

조식의 『유두류록』을 읽는 일은 쉽지 않습니다. 몇 편의 한글 번역문이 나와 있지만, 이 번역문조차 읽기 어렵습니다. 기본적으로 한문으로 쓰인 글은 많은 전고(典故)를 포함합니다. 전고란 경전이나 역사책에 나오는 사건과 인물, 과거의 제도나 관습 등을 말합니다. 전해오는 성현의 말씀이나 옛날의 사실 이야기를 근거로 삼아 현재의 일을 말하고 자신의 뜻을 펼치고자 한 것입니다. 『유두류록』도 다르지 않습니다. 이런 까닭에 전고의 의미를 알지 못하면 『유두류록』의 기본적인 문맥조차 파악하기 힘듭니다.

게다가 글쓰기에 대한 조식의 태도가 우리의 어려움을 가중시킵니다. 조식은 표현하고자 하는 일이 있으면 "바람처럼 달리고 우레처럼 빨리 써서 더 손대지 않았습니다." 수많은 전고를 끌어오면서 또 이 전고를 변형시키기까지 합니다. 조선시대의 유학자들조차 '기이한 표현과 깊은 함축(奇辭奧義)'를 제대로 읽어내기 힘들다고 하소연할 정도였습니다. 조식은 글과 말로 표현하는 일을 좋아하지 않았습니다. 조식은 "말은 간략한 것을 귀하게 여긴다(言以簡爲貴)"고 생각했습니다. 학자에게 무엇보다도 중요한 것은 스스로 이치를 터득하여 몸으로 실천하는 일입니다. 일상적인 현실의 일을 버리고 높은 이론을 입으로만 말하는 구상지리(口上之理)의 학문은 껍데기일 뿐입니다.

이에 이번 번역서에서는 현재의 독자가 『유두류록』을 이해할 수 있도록, 한 글자 한 글자 가능한 한 자세하게 풀이하고자 합니다. 전고의 경우, 어떤 상황에서 이 전고가 만들어졌는지 전고의 출전과 유래에 대해 구체적으로 설명합니다. 해당 전고의 출전은 물론, 때에 따라서는 원문의 일부까지 인용하여 소개합니다. 당대 사람들의 법과 제도, 지방 행정, 의식주, 생활환경 등에 대해서도 부연합니다. 500년 전의 유학자들이라면 대부분 이미 알고 있어 굳이 길게 말할 필요가 없는 내용입니다. 그러나 현재의 우리에게는 별 다른 사전 지식이 없다면 도저히 알 수 없는, 생소하기만 한 것입니다. 이 책의 의도는 이러한 생소함을 가능한 한 줄이는 것입니다.

'포계(匏繫)'라는 말을 예로 들면 다음과 같습니다. 기존의 번역은 이 말을 보통 '매달린 박'이라고만 풀이하고 맙니다. 그런데 원문은 물론 번역문을 보아도, 현재의 우리는 이것이 무슨 말인지 갈피를 잡기 힘듭니다. 이 표현이 포함된 문장 전체를 읽어보면 더욱 난감합니다. "시골집에 매달려 있는 박처럼 걸어 다니는 시체가 되어버렸다." 무슨 난해한 현대 시의 한 구절인가 싶습니다. 사실 '포계(匏繫)'는 『논어』에 나오는 다음과 같은 공자의 말을 줄인 것입니다. "내가 어찌 박덩굴이겠는가? 내가 어찌 한곳에만 매달려서 아무것도 먹지 않을 수 있겠는가?—(吾豈匏瓜也哉 焉能繫而不食)" 이로써 이 '포계'라는 표현은 흔히 '뜻을 펼치지 못하는 자신의 처지'를 한탄하는 말로 쓰입니다. 조식 또한 이런 뜻으로 썼습니다. (좀더 자세한 내용은 145-146 페이지에 나옵니다.)

그런데 기존의 번역은 '매달린 박'이라고만 풀이할 뿐 더 이상의 정보는 제공해주지 않습니다. 각주조차 달아주지 않습니다. 그렇지만 현재의 우리는 한문학자가 아닌 이상 이 말의 출전이 『논어』라는 사실조차 알기 힘듭니다. 이번 번역서에서 이 전고의 출전, 이 전고의 원문과 기본적인 의미 등에 대해서까지 세세하게 풀어준다는 것은 이런 이유에서입니다.

———③

이 책은 조식의 『유두류록』을 번역한 것입니다. 그러나 일반적인 번역서라 하기에는 지나친 점이 있습니다. 번역서가 아니라고 해도 무방할 정도입니다. 이 책은 구구절절 소상하게 풀이합니다. 풀이하고 또 풀이합니다. 때로는 원문과는 무관한 것처럼 보이는 내용까지 말합니다. 당연히 이와 같은 번역은 위험합니다. 조식이

『유두류록』을 통해 말하고자 했던 바를 왜곡할 수도 있고 터무니 없는 오류를 낳을 수도 있습니다. 의도와는 다르게 지루하고 장황 해질 수도 있습니다. 그러나 현재의 독자를 위해 이런 위험은 감 수할 만하다고 생각했습니다.

조식에게 지리산은 콸콸 살아 있는 생명의 공간이었습니다. 생기 발랄한 삶의 현장이었습니다. 그리고『유두류록』은 이러한 지리 산을 이야기한 것입니다. 이 번역서는 다만—, 이와 같은 이야기 를 현재의 독자들에게도 실감나게 전달하고자 합니다.

2023년 10월,『유두류록』을 주해하여 옮기며
이상영이 쏩니다. ———————

편집자 일러두기

⊙ 『유두류록』전문을 8개의 장으로 구분하여 풀이합니다. 이는 독자의 이해를 돕기 위한 것으로 주해하여 옮긴 번역자가 구분한 것입니다.

⊙ 『유두류록』원문은 계명대학교 동산도서관이 영인해 출간한『남명집』병오본(丙午本, 1606년)을 바탕으로 하였습니다. 그리고『한국문집총간』의 기유본(己酉本, 1609년), 경상국립대학교 남명학연구소의『남명집』교감본(2001년)을 참조했습니다.

⊙ 동일한 원문을 주해(注解) 번역과 축어(逐語) 번역의 두 가지 형식으로 번역해 소개합니다. 주해 번역문에는 조식이 분명하게 말한 내용은 아니지만, 옮긴이가 조식이 말한 것처럼 추가하여 풀이한 부분이 있습니다. 이는 한문 번역의 일반적인 관행을 벗어나는 것입니다. 그러나 축어 번역문에서는 기존의 한문 번역 관행을 대체로 따릅니다.

⊙ 번역문에서 이름, 자(字), 호(號) 등은 원칙적으로 이름만 씁니다. 다만 이름보다 자나 호가 독자에게 더 익숙하다고 여겨질 경우에는 자나 호를 쓰기도 합니다. 군과 현과 같은 지방 행정 지명(地名)은 원칙적으로 화제가 다루어지는 시대(조선시대)를 기준으로 씁니다. 이때 각주를 통해 해당 지명이 가리키는 곳을, 현재의 지명을 바탕으로 설명합니다. 이밖의 지명은 원문을 따르기도 하고 현재의 지명을 쓰기도 합니다.

⊙ 책 제목, 글 제목 등을 비롯한 한문 어구(語句)는 종종 한글로 풀어서 씁니다. 이 때 한문 어구는 괄호 안에 넣어서 밝혀 줍니다. 따라서 괄호 안의 한문 독음이 괄호 밖의 풀어 쓴 말과 다를 경우가 있습니다.

사전 지식
없이도
누구나 쉽게
이해할 수 있습니다!

주해(注解) 번역
유두류록

飯我鷄伏堂
登道
舍弟桓隨之
元生右釋
曾爲釋化俗
爲其慧悟而善謳
召與之行

出門甫數十步
有小兒前控曰
追逋奴來也
只在此路下
未捕
愚翁遽揮
丘史四五人
左右匣之
俄而縛致馬頭
果八箇男女

遂策馬去
共嘆曰
偶然下手
有怨有德

嘉靖戊午孟夏

金晉牧泓泓之
李秀才公亮寅叔
李高靈希顏愚翁
李清州楨剛而
泊余
同遊頭流山
山中貴齒而不尙爵
舉酌序坐以齒
或時不然

初十日
愚翁
自草溪來我雷龍舍
同宿

斯何造物所使耶
吾復窃嘆曰
愚翁袖手五十年
拳如醬末子
縱未能收地
於河湟千萬里
猶得指揮方略
於呼吸之間
可謂眞大手矣
相與折倒而去

向夕投晉州
曾約泓之
乘舟泗川
遡蟾津入雙磎計也

忽遇
李從事俊民於馬峴
由湖南來覲其親
其親則寅叔也
更聞泓之啣差去
旋投寅叔第
寅叔則吾妹夫也

十二 日

大雨
泓之致書留之
益以廚傳

十三 日

泓之來造
殺牛張樂
愚翁泓之俊民
共爭的
劇飲而罷

十四 日

與寅叔共宿剛而第
剛而爲具
剪刀糆醴酪齋
河魚膾白黃團子
青丹油糕餅

지리산으로 벗들과 함께

무오년(1558년) 사월, 초여름의 일입니다. 나는 김홍(金泓), 이공량(李公亮), 이희안(李希顔), 이정(李楨) 등의 벗들과 함께 지리산❶을 유람했습니다. 김홍은 진주목사(晉州牧使)로 일하고 있으며 자(字)❷는 홍지(泓之)입니다. 이공량은 나의 매형으로 학문과 재능이 뛰어난 수재(秀才)로 알려져 있습니다. 자는 인숙(寅叔)입니다. 이희안은 고령현감(高靈縣監)을 지낸 적이 있습니다. 자는 우옹(愚翁)입니다. 이정은 청주목사(淸州牧使)를 지낸 적이 있으며 자는 강이(剛而)입니다.

❶ 원문에는 두류산(頭流山)으로 나온다. 조선시대의 유학자들은 대부분 지리산을 두류산이라고 불렀다. 이 산을 백두산(白頭山)으로부터 흘러내려온, 크고 우뚝한 산이라고 여겼기 때문이다. 지리산을 방장산(方丈山)이라고도 불렀는데, 이는 이곳에 신선이 산다고 여겼기 때문이다.

❷ 자(字)란 본이름(本名) 이외의 호칭이다. 본이름 부르기를 꺼려한 '실명기피(實名敬避)' 풍속, 두 가지 이상의 이름 가지기를 좋아한 '복명(複名)' 풍속에서 나온 것이다. 남자가 성인이 되었을 때 부모나 집안 어른이 지어주었다. 자가 생기면 다른 사람이 그를 부를 때 본이름보다는 자를 주로 썼다. 다만 아랫사람이 윗사람에게 자신의 이름을 말할 때는 본이름을 사용했다. 하지만 이번 번역에서는 자를 사용하지 않고 본이름만을 사용한다.

벗들의 이름을 이와 같은 순서로 말하는 것은 나이를 기준으로 했기 때문입니다. 『맹자(孟子)』❸에 이런 말이 나옵니다. "세상 사람들이 공통적으로 존중하는 것이 세 가지가 있다. 관직이 그 하나이고 나이가 그 하나이며 덕성이 그 하나이다. 조정에서는 관직만한 것이 없고, 고을에서는 나이만한 것이 없고, 세상을 돕고 백성을 기르는 데는 덕성만한 것이 없다."❹ 이번에 유람을 함께 한 벗들은 모두 진주목과 그 인근 고을에 연고를 가지고 있습니다. 이에 지리산을 유람하면서도 나이를 귀하게 여기고 관직의 위계를 높이지는 않았습니다. 술잔을 들거나 앉는 자리를 정할 때에는 대체로 나이를 기준으로 순서를 정했습니다. 하지만 간혹 이와 같이 하지 않는 경우도 없지는 않습니다.

❸ 『맹자』: 전국시대(戰國時代, 기원전403—기원전221)의 탁월한 유학자인 맹가(孟軻)의 말을 담고 있다. 왕도의 정치를 주장한다. 왕도 정치란 백성에 대한 연민의 마음을 바탕으로 백성을 편안하게 해주는 정치, 곧 자신을 닦고 백성을 사랑하는 정치를 말한다. 이로써 민본(民本)을 중시하는 유가적 정치 이념의 원형을 제시한다. 다음과 같은 말이 나온다. "백성이 가장 귀하고 사직이 그 다음으로 귀하고 임금은 가볍다. 이런 이유로 농사짓는 백성의 마음을 얻어야 천자가 된다.—(民爲貴 社稷次之 君爲輕 是故 得乎丘民而爲天子)" 또 인의예지(仁義禮智)의 사단(四端), 호연지기(浩然之氣) 등에 대한 주장을 펼친다. 송나라의 주희가 사서(四書)의 하나로 삼았다.

❹ 『맹자(孟子)』「공손추하(公孫丑下)」에 이와 같은 말이 나온다. "—(天下 有達尊三 爵一齒一德一 朝廷莫如爵 鄕黨莫如齒 輔世長民莫如德)" 또 『예기(禮記)』「제의(祭義)」편에 다음과 같은 말이 나온다. "나이 많은 것을 세상에서 귀하게 여긴 지 이미 오래이다. 이는 부모님을 섬기는 일에 버금간다.—(年者貴於天下久矣 次于事親)"

이희안(李希顏)❺은 초계군(草溪郡)❻ 황강(黃江) 기슭❼에 삽니다. 내가 사는 곳은 삼가현(三嘉縣) 토동(兎洞)❽입니다. 나는 이곳의 뇌룡사(雷龍舍)❾에서 책을 읽고 제자들을 가르칩니다. 사월 초(初)열흘 이희안이 황강 기슭으로부터 뇌룡사로 왔습니다. 이희안과 함께 잤습니다.

❺ 이희안(李希顔) 1504—1559 : 중종, 명종 때의 유학자이다. 1517년 14세에 이미 사마시에 합격했다. 그러나 과거를 통해 벼슬에 나아가려고 하지 않았다. 자기 수양을 위한 학문에 뜻을 두었으며 후학 장려를 자신의 임무로 삼았다. 유일로 천거되어 고령현감(高靈縣監)으로 나아갔으나 곧 벼슬을 버리고 돌아왔다. 효도와 우애가 깊었다. 조식, 성수침(成守琛), 성운(成運), 신계성(申季誠), 성제원(成悌元) 등 당대의 유학자들과 교유했다. 초계군(草溪郡) 황강 기슭에 살았다. 1559년 이희안이 죽자 조식이 묘갈문(墓碣文)을 썼다. 이 묘갈문에서 조식은, "나에게서 이희안은 의리가 형제와도 같다 一(植之於君 義均兄弟)"라고 했다. 자는 우옹(愚翁), 호는 황강(黃江), 본관은 합천(陜川)이다.

❻ 초계군(草溪郡)은 현재의 합천군 초계면·적중면·쌍책면·청덕면·덕곡면 지역에 있었던 고을이다. 합천군 율곡면의 일부, 대양면의 일부, 의령군 봉수면의 일부 지역도 포함했다.

❼ 황강(黃江)은 거창군 삼봉산에서 발원하여 합천군 청덕면에서 낙동강으로 합류하는 낙동강의 지류이다. 거창군 거창읍, 합천호, 합천군 합천읍·쌍책면 등지를 지난다. 조선시대에는 황돈강(黃沌江)이라고도 불렀다. 이희안이 살았던 황강 기슭은 현재의 합천군 쌍책면 성산리였던 것으로 보인다. 이곳에는 이희안이 1531년 지은 황강정이 남아 있다. (현재의 건물은 1922년 중건한 것이다.)

❽ 삼가현(三嘉縣) 토동(兎洞)은 합천군 삼가면 외토리를 말한다. 삼가현은 현재의 합천군 가회면·대병면·삼가면·쌍백면, 봉산면 일부, 용주면 일부, 거창군 신원면 등지를 포함했던 고을이다.

❾ 뇌룡사(雷龍舍)는 조식이 1548년 김해부에서 삼가현으로 거처를 옮긴 후 지은 서재(書齋)이다. 조식은 이곳에서 학문을 연구하고 제자들을 가르쳤다. '뇌룡(雷龍)'은 다음과 같은, 『장자』「재유(在宥)」편의 말을 줄인 것이다. "시동(尸童)처럼 가만히 앉아 있어도 용처럼 자유롭게 나타날 수 있을 것이다. 깊은 물처럼 침묵하고 있어도 우레처럼 큰 소리를 낼수 있을 것이다.一(尸居而龍見 淵黙而雷聲)"

⊕ ⊖ ⽇
유람 길에 나서다

――――

계부당(鷄伏堂)❿에서 아침을 먹었습니다. 유람 길에 올랐습니다. 늘 나를 따르는 동생 조환(曺桓)⓫이 이번 유람에도 따라나섰습니다. 유생 원우석(元右釋)은 일찍이 승려가 되었다가 환속한 사람인데 영특하고 재주가 많으며 노래를 잘 불렀습니다. 이에 그를 불러서 함께 가기로 했습니다.

❿ 계부당(鷄伏堂)은 조식이 1548년 이후 삼가현에서 살던 집이다. 계부(鷄伏)는 "닭이 큰 고니의 알을 품은 것처럼 큰 뜻을 품는다"는 뜻이다. 『장자(莊子)』「경상초(庚桑楚)」편에 다음과 같은 구절이 나온다. "작은 닭은 고니의 알을 품지 못하지만, 큰 닭은 진실로 고니의 알을 품을 수 있다.―(越鷄不能伏鵠卵 魯鷄固能矣)" 위진시대 서진(西晉)의 사마표(司馬彪)는 이 구절에 대해 이렇게 말 한 바 있다. "고니의 알을 닭이 품는다 해서 고니 알에서 닭이 니오지는 않는다.―(雞伏鵠卵 卵不爲雞)"

⓫ 조식에게는 2명의 남자 형제가 있었다. 형 조납(曺柆)은 딸 하나를 낳은 후 일찍 죽었고, 동생 조환(曺桓)은 조식이 삼가현 토동에 살 때 조식과 함께 살았다.

문을 나서자마자 예기치 못한 일이 일어났습니다. 문에서 겨우 이삼십 걸음(步)⓬ 정도 갔을 때였습니다. 작은 아이가 앞으로 달려와 말했습니다. "도망친 노비를 뒤쫓고 있습니다. 바로 이 길 아래에 있는데 아직 잡지 못했습니다." 이희안이 '따르던 구종 하인(丘史)'⓭ 너댓 명을 재빠르게 지휘하여 도망친 노비들을 좌우로 포위하도록 했습니다. 잠시 후에 결박당한 노비들이 말 머리 앞으로 끌려 왔습니다. 노비들은 남자와 여자 여덟 명이었습니다.

❷ 보(步)는 길이의 단위이다. 세종 때인 1444년 이후 1보는 6주척(周尺)이었다. 1주척은 미터법 단위로 20.8cm이다. 그러므로 1보는 124.8cm였다.
❸ 기존의 『유두류록(遊頭流錄)』 번역은 대부분 구사(丘史)를 '임금이 공신(功臣)에게 하사하던 관노비'로 풀이한다. 그러나 여기서 구사(丘史)는 양반을 모시고 따라다니거나 말을 탈 때 고삐를 잡는 구종(丘從) 하인을 말하는 것으로 보인다.

다시 말을 채찍질하여 길을 떠났습니다. 그리고 이희안과 함께 한숨을 쉬며 말했습니다. "우연히 손을 쓴 일이었습니다. 그런데 누군가는 원한으로 생각할 것이고 누군가는 은덕(恩德)으로 생각할 것입니다. 이것은 도대체 어떤 조물주가 제멋대로 만든 일이란 말입니까?" 『설원(說苑)』❹에 "관리 노릇을 잘하지 못하는 자는 원한을 심고 잘하는 자는 은덕을 심는다"❺는 말이 나옵니다. 그런데 나와 이희안은 관리 노릇을 하는 자도 아니었습니다. 그렇다면 이 원한과 은덕은 무엇이란 말입니까? 원한과 은덕은 담고 있는 뜻이 미묘하기만 합니다.❻

❹ 『설원(說苑)』은 옛날 임금, 현인들의 행적이나 일화를 담고 있는 책이다. 설원(說苑)은 "사람들을 설득하기 위한 이야기(說)를 모았다(苑)"는 말이다. 유학의 이념을 반영하는 이야기를 주로 모았는데 특히 위정자를 훈계하는 내용이 많다. 「군도(君道)」, 「신술(臣術)」 등 20편으로 이루어져 있다. 한(漢)나라 때 유향(劉向)이 편집했다.
❺ 『설원(說苑)』「지공(至公)」편에 이와 같은 말이 나온다. "一(善爲吏者樹德 不善爲吏者 樹怨)"
❻ 『논어(論語)』「헌문(至公)」편에 "정직함으로 원한을 갚고 은덕으로 은덕을 갚는다 一(以直報怨 以德報德)"는 말이 나온다. 이 구절에 대해 주희는 다음과 같이 말한다. "그 말하는 뜻에 복잡한 곡절이 있고 또 그 말이 반복되어 있다. 조화의 간단함과 평이함이 쉽게 알 수 있을 듯하지만 또한 미묘하고 무궁하다. 배우는 자는 마땅히 자세하게 살펴보아야 할 것이다.一(其指意曲折反覆 如造化之簡易 易知而微妙無窮 學者所宜詳玩也)"

나는 다시 마음속으로 탄식하면서 이렇게 말했습니다. "그대는 손을 소매 안에 넣고 앉아서 오십 년을 보냈으니 주먹이 마치 메주 덩어리❶와 같을 듯합니다. 설령 그렇다 하더라도 아직 '서쪽 변방의 땅(西戎)'❶ 천만 리를 정복할 수는 없었을 것입니다. 그러나 오히려 도망친 노비들을 잡는 일에 있어서는 한번 숨을 들이쉬는 사이에 방책과 계략을 세우고, 또 한번 숨을 내쉬는 사이에 구종 하인들을 지휘했습니다. 그대는 진실로 '주먹왕'이라 할 만합니다." 그러나 어찌 손을 소매 안에 넣어 둔 것이 이희안만의 일이었겠습니까? 이에 우리는 우리의 무력함에 대해 서로를 납득시켰습니다.❶ 다시 길을 떠났습니다.

❶ 조선시대 초기에는 콩을 발효시켜 만든 메주를 말장(末醬)이라 했다.
❶ 하황(河湟)을 풀이한 것이다. 하황은 황화(黃河) 상류의 황수(湟水)를 말한다. 황수는 중국 청해성(靑海省)을 흐르는 강으로 이 유역에 청해성의 성도인 서녕(西寧)시가 자리잡고 있다. 감숙성(甘肅省) 난주(蘭州)시에서 황하와 합류한다. 흔히 서쪽 변방의 땅인 서융(西戎) 지역을 말하고자 할 때 '하황(河湟)'이라고 한다.
❶ 상여절도(相與折倒)를 풀이한 것이다. 기존의 번역 중에는 이 구절을 "서로 더불어 포복절도하여 웃었다"는 뜻으로 풀이한 것도 있다. 하지만 누군가가 원한을 품는 일이 벌어지는 상황에서 조식과 이희안이 이처럼 웃었을 것 같지는 않다.

곧장 지리산으로 가지 않고 남쪽의 진주목(晉州牧)❷으로 방향을 잡았습니다. 일찍이 진주목사 김홍(金泓)❷과 약속하기를, 물길을 따라 배를 타고 지리산으로 가기로 했기 때문입니다. 사천현(泗川縣)❷과 가까운 포구에서 출발해, 노량진(露梁津)❷ 바다를 지나고 섬진강(蟾津江)❷을 거슬러 올라 쌍계사로 들어가자는 계획을 세웠던 것입니다. 저녁 무렵 진주목에 닿았습니다.

❷⓿ 진주목(晉州牧)은 전국적으로도 가장 큰 고을 중 하나였다. 현재의 진주시 전체, 하동군의 옥종면·청남면 전체와 북천면의 절반, 산청군의 시천면·삼장면 전체와 단성면의 절반, 사천시 축동면과 옛 삼천포의 일부, 고성군의 영현면·영오면·개천면, 남해군의 창선면 등에 걸쳐 있었다. 이 중 옛 삼천포의 일부와 남해군의 창선면은 사천현의 경계를 넘어가 있던 월경지였다. 지리산 또한 진주목에 속했다. 정삼품 목사(牧使) 외에 종오품 판관(判官), 종육품 교수(敎授)가 나와 있었다. 경상남도 서부 지역의 정치, 경제, 문화 중심지였다. 진양(晉陽), 진산(晉山), 청주(菁州), 강주(康州), 진강(晉江)이라고도 했다.

❷① 김홍(金泓) 1490—1561 : 중종, 명종 때의 문신 관료이다. 1528년 과거를 통해 출사한 후, 사헌부지평(司憲府持平), 사헌부장령(司憲府掌令), 진주목사 등을 지냈다. 진주목사를 지낼 때 조식, 이공량, 이희안, 이정 등과 지리산을 유람했다. 조식의 벗인 충청도 속리산 아래의 성운(成運), 성제원(成悌元) 등과도 교유했다. 충청도 보은현(報恩縣) 사람이다. 본관은 경주(慶州), 자는 홍지(泓之), 호는 둔암(遯庵)이다.

❷❷ 사천현(泗川縣)은 현재의 사천시 사천읍·정동면·사남면·용현면, 남양동·동서동·향촌동·벌용동에 있었던 고을이다. 대체로 사천대교의 동쪽 지역에 해당한다.

❷❸ 노량진(露梁津)은 곤양군(현재의 하동군)과 남해현(현재의 남해군)을 잇는 나루터이다. 노량진 바다는 곧 현재의 남해대교 일대 바다를 말한다. 이곳은 이순신 장군이 왜선 200여 척을 불태운 노량해전이 일어난 곳으로도 유명하다.

❷❹ 섬진강(蟾津江)은 전라북도 팔공산에서 발원하여 남해의 광양만으로 흘러드는 강이다. 임실군, 남원시, 곡성군, 구례군, 하동군, 광양시 등을 지난다.

진주목 말고개❷❺에서 우연히 종사관(從事官) 이준민(李俊民)❷❻을 만났습니다. 이준민은 이번에 함께 지리산을 유람하기로 한 나의 매형 이공량(李公亮)❷❼의 아들입니다. 그러므로 이준민은 또한 나의 생질(甥姪)입니다. 이준민은 얼마 전까지 조정에서 사헌부지평(司憲府持平)❷❽의 임무를 맡아 일했습니다. 그런데 이때는 호남순변사(湖南巡邊使)❷❾를 보좌하는 종사관으로서 전라도 해안을 돌며 왜구에 대한 방비 상황을 살피고 있었습니다. 그러다가 잠시 말미를 얻어 부모님을 뵈러 오는 중이었습니다. 이에 진주목 관아가 있는 서쪽으로 가던 우리 일행과 이공량의 집이 있는 동쪽으로 가던 이준민이 마침 말고개에서 만났던 것입니다.

❷❺ 말고개(馬峴)는 현재의 진주시 옥봉동과 초전동을 연결하는 고개를 말한다. 말티고개로도 불린다.

❷❻ 이준민(李俊民) 1524―1590 : 명종, 선조 때의 문신 관료이다. 1549년 문과에 합격한 후, 사간원정언, 홍문관수찬, 사헌부지평 등의 요직을 두루 거쳤다. 또 대사헌, 병조판서, 평안도병마절도사(平安道兵馬節度使), 평안도관찰사, 한성부판윤, 좌참찬(左參贊) 등을 지냈다. 조정의 공론이 분열해 동인과 서인의 붕당이 일어나자 이를 매우 걱정했다. 당론을 조정하려던 이이(李珥)를 존경했다. 조식의 매형인 이공량의 아들로 조식의 생질(甥姪, 조카)이다. 성품이 강직해 사리에 맞지 않으면 승복하지 않았다. 자는 자수(子修), 호는 신암(新庵), 본관은 전의(全義)이다.

❷❼ 이공량(李公亮) 1500―1565 : 조식의 매형이다. 조식이 "남을 사랑하고 착한 것을 좋아하며 소탈하고 얽매이지 않는" 사람이라고 평했다. 진주목 서쪽의 대여촌(代如村) 가방(佳坊)에 살았는데, 서울에도 집을 가지고 있었다. 과거에 여러 번 응시했으나 합격하지 못했다. 뒤늦게 경기전(慶基殿) 참봉(參奉)을 제수받았다. 자는 인숙(寅淑), 호는 안분당(安分堂)이다. 본관은 전의(全義)이다.

❷❽ 사헌부지평(司憲府持平)은 사헌부의 정오품 관직이다. 사헌부는 모든 관원들에 대한 감찰권과 일반 범죄에 대한 검찰권을 아울러 행사할 수 있었다. 또한 인사(人事) 및 법률 개편에 대한 서경권(동의 및 거부 권한)을 가지고 있었다. 이에 자신의 소신을 굽히지 않고 직언할 수 있는 문과 합격자 출신의 인재라야 사헌부지평을 제수받을 수 있었다. 요직 중의 요직으로 여겨졌다.

❷❾ 순변사(巡邊使)는 조선시대 변방을 돌아보기 위해 왕명으로 파견한 임시 특사이다. 역참의 실태, 농사의 풍흉, 변방의 군무(軍務) 등을 살폈는데, 중요한 직책이었으므로 조정의 중의(衆議)를 거쳐 고위직 관료를 뽑아 파견했다.

진주목사 김홍이 갑작스럽게 차사원(差使員)❸❶으로 차출되어 출장을 나갔다는 말을 전해 들었습니다. 그리고 출장에서 돌아올 때는 관아를 거치지 않고 곧바로 이공량의 집으로 온다고 했습니다. 그래서 우리도 진주목 관아로 향하던 발길을 돌려 이공량의 집으로 갔습니다. 이공량의 집은 진주목 서쪽의 대여촌(代如村) 가방(佳坊)❸에 있습니다.

❸ 차사원(差使員)은 중요하고 긴급한 일이 생겼을 때 이 일을 처리하기 위해 임시로 차출하여 파견하던 관원을 말한다.
❸ 대여촌(代如村) 가방(佳坊)은 현재의 진주시 금산면 가방리 일대이다.

⑩ ⓔ ⑧
진주목 가방의 이공량 집에 머무르다

큰 비가 내렸습니다. 꽤 오랫동안 쏟아졌습니다. 나는 이희안과 함께 이공량의 집에 머물렀습니다. 김홍 또한 "좀 더 머물러 있었으면 좋겠다"는 내용의 편지를 보내 왔습니다. 아울러 사람을 시켜 우리 일행이 먹을 것을 추가로 보내주었습니다. 잠자리도 한 번 더 살펴 주었습니다.❸

❸ 익이주전(益以廚傳)을 풀이한 것이다. 주전(廚傳)은 음식을 갖추어 바라지하는 포주(庖廚, 푸줏간)와 숙소를 제공하는 역사(驛舍)를 함께 일컫는 말이다.

이공량의 집으로 김홍이 오다

김홍이 이공량의 집으로 왔습니다. 김홍은 소를 잡아 음식을 장만하도록 했습니다. 악공들까지 불러 음악을 연주하도록 했습니다. 이희안과 김홍과 이준민이 활쏘기 실력을 겨루었습니다.❸ 활을 쏘고 내려와서는 술을 한 잔씩 마셨습니다.『논어(論語)』❸에는 다음과 같은 공자(孔子)의 말이 나옵니다. "군자는 경쟁하는 일이 없으나 활쏘기에서는 반드시 경쟁한다. 절하며 사양하는 예를 갖추고 올라가 활을 쏜다. 내려와서는 진 사람이 벌주를 한 잔 마신다."❸ 다들 실컷 술을 마신 후 자리를 마무리했습니다.

❸ 공쟁적(共爭的)을 풀이한 것이다. 기존의 번역은 대부분 이 구절을 '함께 경쟁이라도 하듯이'라는 뜻으로 풀이한다. 적(的)자를 어조사로 본 것이다. 하지만 이번 번역에서는 적(的)자를 과녁을 뜻하는 말로 본다.

❸ 『논어(論語)』는 공자의 언행록이다. 공자가 죽은 후 공자의 제자들이 공자의 말(語)을 모아 논(論)한 후 편찬한 것으로 알려져 있다. 공자는 무도(無道)한 춘추시대의 광풍 속에서 원칙과 상식이 통하는 '도를 세우고자(有道)'자 했고, 이 책은 이러한 공자의 희망과 포부를 기록하고 있다. 효(孝)와 공경(悌)과 충서(忠恕)와 인(仁)을 강조한다. 유가의 사서오경(四書五經) 중 첫 번째 자리를 차지한다. 학이(學而)에서 요왈(堯曰)에 이르는 20편으로 이루어져 있다. 지난 2천500년 동안 우리나라를 비롯한 한문자(漢文字) 국가 사람들의 삶에 엄청난 영향을 미친 책이다.

❸ 『논어』 「팔일(八佾)」편에 이와 같은 말이 나온다. "―(君子無所爭 必也 射乎 揖讓而升 下而飲)" 이 구절에 대해『논어집주』에서는 "이기지 못한 자가 올라가 술잔을 잡고 서서 벌주를 마신다"고 말한다. 또『공자가어(孔子家語)』「관향사(觀鄉射)」편에 다음과 같은 말이 나온다. "공자가 향사례를 보고 한숨을 쉬고 탄식하면서 말했다. '자신을 닦은 후에 활을 쏘아 과녁의 한복판을 잃지 않는 사람이 있다. 이 사람은 오로지 현명한 사람일 것이다.' ―(孔子觀於鄉射 喟然嘆曰 修身而發 而不失正 鵠者 其唯賢者乎)

⑭ ⑭ ⑪

이정의 집에서 갖가지 음식을 먹다

사천현 구암리(龜巖里)❸에 있는 이정(李楨)❼의 집으로 갔습니다. 이정은 청주목사를 지내고 돌아온 지 얼마 지나지 않았습니다. 가세 또한 넉넉한 편이었습니다. 이에 우리를 위해 여러 가지 특별한 음식을 마련해 주었습니다. 전도면(剪刀麵), 예락재(醴酪齋), 하어회(河魚膾), 백황단자(白黃團子), 청단유고병(靑丹油糕餅) 등이 그것이었습니다. 전도면은 두툼한 생선을 넣어 국물을 낸 칼국수입니다.❸ 예락재는 쌀에 누룩을 넣어 발효시킨 잔치 술인데, 달달하고 향기가 좋습니다.❹ 하어회는 강에 사는 민물고기로 만든 회입니다. 백황단자는 찹쌀가루를 쪄서 둥글게 빚은 후 고물을 묻힌 떡의 한 가지입니다.❹ 청단유고병은 기름에 튀겨낸, 둥글둥글한 모양의 과자입니다. 이정의 집에서 이와 같은 음식을 모자람 없이 먹었습니다. 매형 이공량과 같은 방을 썼습니다.

❸ 사천현(泗川縣) 구암리(龜巖里)는 현재의 사천시 사천읍 구암리를 말한다. 이정(李楨)이 구암리의 만죽산(萬竹山) 기슭에 정관대(靜觀臺)를 짓고 만물의 이치를 살폈다고 한다.

❼ 이정(李楨) 1512—1571 : 중종, 명종 때의 문신 관료이다. 1536년 문과에 장원으로 합격한 후, 군기시주부(軍器寺主簿), 형조좌랑, 호조정랑, 예조정랑 등으로 일했다. 이후 영천군수, 성균관사성, 청주목사, 형조참의, 우승지, 좌승지, 병조참의, 순천부사, 대사간, 경주부윤 등을 지냈다. 경상도 사천현에 살았는데, 1534년 사천현으로 유배온 송인수(宋麟壽)에게 배웠다. 1541년 영천군수(榮川郡守)로 가 있을 때 이황에게 가서 배웠다. 1564년 순천부사로 있을 때 김굉필(金宏弼)을 위해 경현당(景賢堂)을 세우고『경현록(景賢錄)』을 간행했다. 1568년 홍문관부제학에 제수되었으나 취임하지 않고 사천현 구암리로 낙향하여 구암정사(龜巖精舍)를 짓고 후학을 가르쳤다. '중용학(中庸學)'의 정립과 성리학

의 보급에 힘쓴 인물로 알려져 있다.『구암집(龜巖集)』이 있다. 본관은 사천(泗川)이다. 자는 강이(剛而), 호는 구암(龜巖)이다.

❸ 조재삼(趙在三, 1808—1866)이 지은『송남잡지(松南雜識)』「의식류(衣食類)」편의 '전도면(剪刀麵)' 항목에 다음과 같은 말이 나온다. "지금은 칼국수라고 한다. 근래에는 도미국수라는 것이 있는데 두툼한 생선을 썰어 넣어 만든다.―(今謂折麵 近有禿尾麵 折厚魚爲之)"『송남잡지』는 조선시대 백과사전이라 할 만한 책으로 1855년에 나왔다.

❹ 예락재(醴酪齋)는 예주(醴酒)를 말하는 듯하다. 예주는 쌀이나 보리에 누룩을 넣어 빚는다. 알코올 도수가 낮으며 단맛이 난다. 제사 술이나 잔치 술로 쓰는데 집안에 따라 나름의 비법을 가지고 있었다고 한다.

❹ 단자(團餈)는 떡의 한 가지이다. 찹쌀가루를 쪄서 방망이로 치댄 다음 둥글게 빚어 모양을 만들고 꿀과 잣가루 등으로 고물을 묻혀 만든다. 찹쌀가루를 익혀서 만들면 백색단자인데, 치자 물을 들여 황색단자로 만들 수 있다. 팥, 깨, 밤, 대추, 은행 등의 소를 넣어 만드는 경우도 있다.

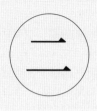

鄭忠順淄
監會供億

妓十輩
竽笙鼓吹皆列
是日
以懷簡國妃韓氏忌
不作樂
蔬食
時有白生惟良
詣舟上
謁同行

十 五 日
又與剛而
共向場巖
剛而庶弟栢從之
先登
古將軍李珣之
快哉亭
俄有泓之仲氏涇
與泓之子思誠繼至
泓之尾至

是夜
月明如畫銀波鏡磨
天根沃焦
都在机筵
棹夫秩唱響翻蛟窟

未幾
泗州守魯克粹
以地主來見
設小酌
共登巨艦
魯君致酒肴犒具
下舟還去

三星乍中
東風微起
忽張帆徹棹
艤舡而上
舟子俄報
已過河東地

30

相與枕藉
或縱或橫
泓之鋪毛席重衿
幅員甚恢
初乞其邊
浸浸雄據
推出泓之席外

豈非昏墮夢境
自不知
吾家己物
奄爲他人之有乎

⑩⑥⒟

────

曙色微明
迫到蟾津
攪睡間
已失昆陽地云
旭日初昇萬頃蒸紅
兩岸蒼山影倒波底
簫鼓更奏
歌吹迭作
遙見雲山
插出西北十里間者

是頭流外面也
相與挑觀喜踴曰
方丈三韓外
已是無多地矣

瞥過岳陽縣
江上有錥岩者
乃韓錄事惟漢之
舊莊也
惟漢見麗氏將亂
携妻子來栖
徵爲大悲院錄事
一夕遁去
不知所之

噫國家將亡
焉有
好賢之事乎
善善之好賢
又不如
葉子高之好龍
無補於亂亡之勢

忽呼酒引滿
重爲錥岩長息也

向午
泊舟陶灘
貿貿殘吏
戴蘇骨多來拜
乃是
岳陽花開縣吏也
又有團領數人來拜
乃泓之治內
糾察勸農等官也
江上山村
高低連絡
縱橫其畝
雖今十存其一
王化所及
浸被窮谷
可見
昔時民物之盛也

去陶灘一里
有鄭先生汝昌故居
先生
乃天嶺之儒宗也
學問淵篤
吾道有緒
挈妻子入山

由內翰
出守安陰縣
爲喬桐主所殺

此去錘岩十里地
明哲之幸不幸
豈非命耶

현자들의 다행과 불행

다행과 불행

⑩⑤⑪

배를 타고 섬진강을 거슬러 오르다

여럿이 함께 사천만 장암(場巖) 포구❶로 향했습니다. 이희안과
이공량뿐만 아니라 이정 또한 동행하기 시작했습니다. 이정의
서제❷ 이백(李栢)도 따라 나섰습니다. 장암 포구로 가기 전에
먼저 쾌재정(快哉亭)❸에 올랐습니다. 쾌재정은 예전에 훈련원
도정(訓鍊院都正)❹을 지낸 장군 이순(李珣)❺❻이 지은 정자입
니다. 바로 앞에는 사천만의 뱃길이 활짝 열리고 그 동쪽으로는
사천현의 산과 들이 시원하게 펼쳐집니다. 상쾌하고 통쾌한 것
이 과연 쾌재(快哉)를 부를 만합니다. 잠시 후에 김홍의 형(兄)
김경(金涇)과 김홍의 아들 김사성(金思誠)이 잇달아 쾌재정으
로 올라왔습니다. 그 꼬리를 물고 김홍 또한 올라왔습니다.

❶ 장암(場巖) 포구는 사천시 축동면의 길호강(吉湖江) 어귀, 사천만의 가
   장 안쪽에 있었던 것으로 보인다. 이 포구에는 세곡(稅穀)의 운반과 보
   관을 위한 해창(海倉)이 있었다. 현재는 사천시 축동면에 속하지만 조식
   의 시대에는 진주목에 속했다.

❷ 서제(庶弟)는 서모(庶母)에게서 태어난 아우를 말한다.

❸ 쾌재정(快哉亭)은 첨정(僉正), 훈련원도정(訓鍊院都正)을 지낸 조선 전기의 장수 이순(李珣)이 지은 것이다.『진양지(晉陽誌)』「정사(亭榭)」편의 쾌재정 항목에 다음과 같은 내용이 나온다. "장암(場巖)에 있다. 예전에 첨정(僉正) 이순(李珣)이 지은 것으로, 아호정사라고도 불렀다. 앞에는 낭떠러지 아래 포구가 있고 그 동쪽으로는 사천현이 펼쳐진다.―(在場巖 故僉正李珣所構 一名牙湖精舍 前險海浦東瞰泗川)"『진양지』는 조식의 제자 성여신이 편찬한 것으로 1632년에 나왔다. 현재 사천시 축동면 구호리에는 '구해창(舊海倉)길'과 '포구(浦口)나무'가 있는데, 쾌재정은 이 구해창길과 포구나무 사이의 언덕배기에 있었던 것으로 보인다.

❹ 훈련원도정(訓鍊院都正)은 훈련원을 총괄하는 관직이다. 훈련원은 군사들의 무재(武才)를 시험하고 무예를 훈련하며 무예 도서를 가르쳤던 곳이다. 정이품 지사가 있었지만 겸직이었고, 무관(武官) 출신의 정삼품 도정이 장관으로서 실무를 담당했다.

❺ 이순(李珣)은 성종, 연산군, 중종 때의 장수이다. 진도군수, 울산군수, 창원부사로 일했으며, 첨정(僉正), 첨지중추부사(僉知中樞府事)를 거쳐 훈련원도정(訓鍊院都正)을 지냈다. 자는 세진(世珍)이다. 본관은 전의(全義)이다.

❻ 고장군이순(古將軍李珣)을 풀이한 것이다. 기존의 번역은 대부분 이 구절을, '고려 공민왕 때 홍건적을 격퇴한 장군 이순'으로 풀이한다. 하지만 조식이 분명하게 고려 장군 이순을 말했다고 볼 수는 없다. 고장군이순은 축자역으로 풀면 '옛 장군 이순'이라는 뜻이거나 '옛 장군다운 이순'이라는 뜻이다. 그리고 이때는 쾌재정은 지어진 지 얼마 지나지 않았을 때이다. 또 훈련원도정 이순의 본관은 전의(全義)인데, 이는 조식의 매형 이공량의 본관과 같다. 이런 점에서 조식이 쾌재정의 내력을 몰랐을 가능성은 많지 않아 보인다.

얼마 지나지 않아 사천현감 노극수(魯克粹)가 찾아왔습니다. 우리 일행에는 진주목사 김홍 등이 있었으므로 사천현감이 고을 수령으로서 찾아와 인사를 한 것이었습니다.❼ 노극수는 작은 술상까지 차려 내놓았습니다. 쾌재정을 내려오니 장암 포구에 큰 함선(艦船)❽이 기다리고 있었습니다. 모두 함께 이 배에 올랐습니다. 노극수가 술과 안주, 뱃사공들에게 나누어줄 음식 등을 가지고 와 배에 실었습니다. 배에서 내려 돌아갔습니다. 충순위(忠順衛)❾ 정당(鄭溏)이 와서 물품을 하나하나 헤아리며 챙겼습니다.

❼ 원문의 내현(來見)은 "지체 높은 사람을 찾아가 뵙고 인사를 올린다"는 말이다. 목사는 정삼품직으로 종육품직인 현감에 비해 품계가 현격하게 높은 상급자이다. 또 목사는 행정적, 군사적 측면에서 인접 고을에 적지 않은 영향력을 행사할 수 있었다.

❽ 원문의 함(艦)은 보통 군사적 용도로 쓰이는 전선(戰船)을 말한다. 조선 후기에 나온 『각선도본(各船圖本)』에 따르면, 판옥전선(板屋戰船)의 경우 그 갑판의 길이가 105영조척(營造尺), 너비가 39.7영조척, 외판의 높이가 11.3영조척이었다. (미터법 단위로는 길이 32.8m, 너비 12.4m, 높이 3.5m이다.) 그러나 섬진강으로 거슬러 올라갔다는 점을 감안하면, 이때 조식 일행이 이용한 배는 이보다 규모가 작은 조운선(漕運船)이었을 수도 있을 듯하다. 1670년에 나온 『반계수록(磻溪隨錄)』 '조운(漕運)' 항목에 따르면 조운선은 그 길이가 70영조척, 너비가 22영조척이었다. (미터법 단위로는 길이 21.9m, 너비 6.9m이다.) 그리고 이 조운선에는 곡물을 800석까지만 싣도록 했다.(최대 1천500석까지 실을 수 있었다.)

❾ 충순위(忠順衛)는 양반층 자손을 위한 직업 군인 조직이다. 육품 이상 문신, 사품 이상 무신, 문과 및 무과 출신자, 생원시와 진사시 출신자 등의 자손이 여기에 들어갈 수 있었다.

이때 유생 백유량(白惟良)이 배 위로 올라와 인사하고 함께 유람하기로 했습니다. 또 기생 여남은 명이 함께 배에 올랐습니다. 이들은 화음을 낼 수 있는 생황(竽笙)❿, 채로 두드리는 타악기, 입으로 부는 취주 악기 등을 갖추갖추 가지고 있었습니다.⓫ 그런데 이날은 회간국비(懷簡國妃) 한씨(韓氏)⓬의 기일이었으므로 음악을 연주하지는 않았습니다. 또한 비린내 나는 고기와 냄새 나는 훈채(葷菜)⓭를 피하고 담백한 채소만으로 밥을 먹었습니다.

❿ 우(竽)와 생(笙)은 지금의 생황과 유사한 화음 악기이다. 한 번에 여러 음을 낼 수 있다. 밥그릇처럼 생긴 공명통에 길이가 다른 여러 개의 대나무 관을 꽂아 만든다. 공명통 옆에 달아 놓은 취구(吹口)에 입김을 불어 넣어 소리를 낸다. 대나무 관의 수는 13관, 17관, 19관, 36관 등 다양했다. 정약용(丁若鏞)은『악서고존(樂書孤存)』에서 생은 13관, 우는 36관이라고 말했다. 취구 길이가 생(笙)보다 긴 우(竽)는 낮은 음을 내고, 취구 길이가 우보다 짧은 생은 높은 음을 낸다.

⓫ 우생고취개열(竽笙鼓吹皆列)을 풀이한 것이다. 특정한 악기를 말한다기보다는 여러 가지 악기를 두루 갖추고 있었다는 뜻으로 풀이하는 것이 좀더 적절할 듯하다.

⓬ 회간국비(懷簡國妃) 한씨는 회간대왕(懷簡大王) 덕종(德宗)의 비인 소혜왕후(昭惠王后)를 말한다. 회간대왕 덕종은 세조의 큰아들이자 성종의 아버지이다. 1469년 성종이 즉위한 후 아버지 의경세자를 덕종으로 추존하고 어머니를 왕후로 책봉했다. 그런데 소혜왕후의 기일은 4월 15일이 아니라 4월 27일이다. 조식이 말하는 4월 15일은 성종의 원비(元妃) 공혜왕후(徽懿愼肅恭惠王后) 한씨(韓氏)의 기일이다. 조식이 소혜왕후와 공혜왕후의 기일을 착각하고 잘못 적은 듯하다.

⓭ 훈채(葷菜)는 파, 마늘, 생강, 겨자와 같이 냄새 나는 식재료를 말한다.

이날 밤에는 달이 대낮처럼 밝았습니다. 은빛 윤슬이 잘 닦아 놓은 거울에서처럼 반짝거렸습니다. 천근(天根)은 하늘의 별자리인데 "이 별이 나타나면 물이 마른다"고 합니다. 또 옥초(沃焦)는 바다 끝의 산인데 이 산은 뜨거운 바위로 이루어져 있어 모든 물을 증발시킵니다. 이날 밤 이곳 바다에서는 하늘의 천근과 바다의 옥초가 함께 나타나 바닷물을 온통 불태워버리기라도 하는 것 같았습니다.⓮ 나는 이러한 바다의 모습을 마치 제사상(机筵)⓯ 위에 올려놓기라도 한 것처럼 조심스럽게 바라보았습니다. 삼가는 마음으로 앉아 오래도록 그 앞을 떠나지 않았습니다. 노 젓는 뱃사공들이 번갈아 노래를 불렀습니다. 이 노랫소리가 검은 바닷물에 부딪혀 돌아오는 것을 들으니, 바다 속 깊은 굴에서 교룡(蛟龍)⓰이 쩌렁쩌렁 울고 있는 듯도 했습니다.

❹ 천근옥초(天根沃焦)를 풀이한 것이다. 천근(天根)은 28수 별자리 중 하나인 저성(氐星)을 말한다. 『국어(國語)』「주어(周語)」에 "천근이 이른 새벽에 나타나면 물이 마른다 一(天根見而水涸)"는 말이 나온다. 옥초(沃焦)는 동쪽 바다에서 남쪽으로 3만 리 정도 떨어진 곳에 있는 산 이름이다. 이곳에는 거대하고 뜨거운 바위가 있어 아무리 바닷물을 뿌려도 바로 증발해 버린다고 한다.

❺ 원문의 궤연(机筵)은 흔히 망인의 신주(神主)를 모시는 제사상을 뜻한다. 망인을 모시는 상주는 늘 이 궤연을 조심스럽게 살피며 그 앞을 떠나지 않는다.

❻ 교룡(蛟龍)은 뱀과 비슷한 몸에 비늘과 네 다리가 있는, 전설의 용이다. 구름과 비를 얻으면 하늘로 올라간다. 종종 때를 만나지 못한 영웅호걸을 비유하는 말로 쓰인다.

설핏 잠들었다가 얼핏 깨었습니다. 시간이 자정을 넘어서고 있는지, 남쪽 하늘 한 가운데 삼성(三星)❼이 빛나고 있었습니다.❽『시경(詩經)』에서는 "삼성이 하늘에 있으면 좋은 사람을 만난다"❾고 합니다. 이때 동쪽에서 조금씩 바람이 불어오기 시작했습니다. 뱃사공들은 재빨리 돛을 펼치고 노를 거두어들였습니다. 그리고 다시 배를 정돈한 후 물길을 거슬러 올라갔습니다. 잠시 후에 뱃사공 중 한 사람이 어느새 하동 땅❿을 지나고 있다고 알려주었습니다.

❼ 삼성(三星)은 곧 심성(心星)을 말한다. 가운데 붉게 빛나는 심대성(心大星)을 중심으로 좌우에 약간 어두운 별 두 개를 거느리고 있기 때문에 삼성이라고 한다. 대화성(大火星)이라고도 한다. 심대성은 서양 별자리에서는 전갈자리에 속하는 안타레스(Antares)이다. 우리나라에서 사오월 무렵 가장 잘 보이는데 저녁에 동쪽 하늘에서 떠서 새벽에 서쪽 하늘로 진다. 기존의 번역 중에는 이 삼성을 '삼태성(三台星)'으로 풀이한 경우도 있다. 삼태성은 삼공(三公), 삼정승을 상징하는 별이다.

❽ 1558년 음력 4월 15일, 우리나라에서 삼성(심대성 : 안타레스)은 저녁 8시 3분에 떠서 밤 12시 56분에 정남향을 지난 후 새벽 5시 20분에 졌다. 조식이 남쪽 하늘 한 가운데서 이 별을 보았다면 이때의 시간은 자정

무렵이었을 것이다.

❶ 『시경』「주무(綢繆)」편에 다음과 같은 구절이 나온다. "칭칭 감아 나뭇단을 묶을 때입니다. 삼성이 하늘에 떠 있습니다. 오늘 밤은 어떤 밤입니까? 이 좋은 사람을 만났습니다.—(綢繆束薪 三星在天 今夕何夕 見此良人)" 이로부터 삼성(三星)은 흔히 좋은 사람과의 만남을 의미하는 말로 쓰인다.

❷ 하동 땅은 곧 하동현(河東縣)을 말한다. 조식의 시대에 하동현은 지금의 하동군보다 규모가 훨씬 작은 고을이었다. 하동현은 현재의 고전면·양보면·진교면 북부·횡천면·금성면 갈사리에 걸쳐 있었다. 현재의 악양면과 화개면은 각각 악양현과 화개현이었는데 진주목의 속현이었다. 또 금남면·금성면 일부·진교면 남부는 곤양군에 속해 있었다. 『남명집』판본에 따라서는 이 대목에서의 '하동'이 '곤양'으로 나와 있는 것도 있다.

우리 일행은 서로를 베개 삼아 종횡으로 어지럽게 누워 잠들었습니다. 김홍이 가져 온 담요와 겹이불은 그 폭이 매우 넓었습니다. 나는 처음에 그 가장자리를 얻어서 잠이 들었는데, 부지불식간에 그 속으로 팔다리를 뻗어가 내 자리를 마련했습니다. 그리고 결국은 김홍을 이부자리 밖으로 밀어냈습니다. 우리는 종종 다른 사람이 우리집에 있는 나의 물건을 갑자기 빼앗아가 자신의 소유로 삼는데도 이를 알지 못합니다. 이는 우리가 흐리멍덩한 꿈의 세계에 빠져들었기 때문입니다. 이로써 미혹당해 어두워졌기 때문입니다. 어찌 아니겠습니까? 송(宋)나라 유학자 주희(朱熹)❸는 이런 말을 한 적이 있습니다. "사람의 본성은 본래 선(善)하지만 다만 즐거움과 욕심에 미혹당하고 이익과 손해에 쫓겨서 한순간에 어두워진다."❹ 내가 김홍의 이부자리 속으로 내 몸을 밀어 넣은 일도 이와 같습니다. 나는 이부자리를 즐기는 마음과 이부자리에 대한 욕심에 미혹당해 어두워졌던 것입니다. 이로써 나는 나의 선한 본성을 빼앗기고도 알지 못했던 것입니다.❺

❷❶ 주희(朱熹) 1130–1200 : 송나라 성리학을 집대성한 학자이다.『논어』,
『맹자』,『대학』,『중용』의 주해(注解)를 달고 사서(四書)라는 이름으
로 묶었다. 여조겸(呂祖謙)과 함께『근사록』을 편찬했다. "본성이 곧
이(性卽理)"임을 주장하는 송나라 성리학을 집대성했다. 이로써 우리
나라를 비롯한 한문자(漢文字) 국가에 절대적인 영향을 미쳤다. 흔히
주자(朱子)라는 존칭으로 불린다. 송나라 성리학 전체를 주자학(朱子
學)이라 부르기도 한다. 약 9년 동안 지방관으로 일했으며 세금 및 부역
감면, 가뭄 대책, 서원 재건 등에서 놀라운 성과를 보여주었다. 천문학,
역법, 지리학 등에도 정통했다. 임종을 앞두고 제자들에게 "견고하게
발을 땅에 붙여야 앞으로 나아갈 수 있다 一(牢固著足 方有進步處)"고
말했다. 80여 종에 이르는, 방대한 분량의 저술이 있다. 자는 원회(元
晦)·중회(仲晦) 등이고, 호는 회암(晦庵)·회옹(晦翁)·운곡산인(雲谷山
人) 등이다.

❷❷ 『심경부주(心經附註)』「성가학(聖可學 : 성인의 삶은 배울 수 있다)」
장에 이와 같은 주희의 말이 나온다. "一(人性本善 只爲嗜慾所迷 利害
所逐 一齊昏了)"

❷❸ 부지오가기물(不知吾家己物)과 엄위타인지유(奄爲他人之有)를 풀이
한 것이다. 기존의 번역에서는 대개 이 구절을, 김홍이 자신의 이부자리
를 빼앗겼다는 뜻으로 풀이한다. 하지만 이렇게 하면 뜻풀이에 어색한
부분이 있다. 이에『남명집』판본에 따라서는 글자의 착종이 있었다고
보고 오가(吾家)와 타인(他人)의 위치를 바꾸어 놓기까지 한다. 이번 번
역에서는 기물(己物)을, '인간의 선한 본성'을 비유하는 말로 풀이한다.

⑯ ⑯ ⑯
한유한의 삽암, 정여창의 악양정을 지나다

희미한 새벽빛이 밝아올 무렵 섬진(蟾津) 포구 부근에 다다랐
습니다. 섬진은 두꺼비 떼가 큰 울음소리로 왜구를 물리쳤다는
곳입니다.❷❹ 여기저기서 수군수군 서로의 잠을 깨우는 말소리
가 들렸습니다. 이런 소리 중에는 이미 곤양(昆陽) 땅❷❺을 지났
다는 말도 있었습니다. 이미 화개현(花開縣)❷❻까지 거의 다 왔

다는 안도의 말이기도 했고, 밤 사이 곤양군(昆陽郡)을 보지 못
한 일을 아쉬워하는 말이기도 했을 것입니다. 해가 막 떠오를
때는 일만 이랑의 물결이 붉게 불타오르는 듯했습니다. 섬진강
양쪽의 검푸른 산이 물결 아래 거꾸로 누워서 일렁거렸습니다.
누군가 퉁소를 불자 또 누군가 북을 쳤습니다. 이어서 목청 좋은
이가 노래를 부르자 그 노랫소리가 멀리까지 퍼져 나갔습니다.

㉔ '섬진(蟾津)'은 곧 '두꺼비나루'이다. 두꺼비나루라는 이름은 고려 우
　왕 때 왜구가 섬진강으로 침입했다가 이곳에서 두꺼비 우는 소리가 크
　게 나는 바람에 놀라 달아났다는 전설에서 유래했다. 섬진강이라는 이
　름은 이 나루 이름에서 유래했다. 두꺼비나루는 현재의 광양시 다압면
　도사리에 있었다.

㉕ 곤양 땅은 곧 곤양군(昆陽郡)을 말한다. 곤양군은 현재의 사천시 곤명
　면·곤양면·서포면, 하동군 금남면·금성면·진교면 일부를 포함하는 고
　을이었다. 조식의 시대에 곤양군은 진주목 남쪽의 고을 중에서는 가장
　큰 고을이었다. 판본에 따라서는 이 대목에서의 '곤양'이 '하동'으로 나
　와 있는 것도 있다. 사천현에서 서쪽으로 이동하는 유람 경로를 생각할
　때, 하동현보다 곤양군을 먼저 지났을 것이기 때문이다. 그러나 오래 잠
　들었다가 깨어난 사람 중에는 이때에 "곤양 땅을 지났다"는 말을 하며
　아쉬워하는 이도 있었을 듯하다.

㉖ 화개현(花開縣)은 현재의 하동군 화개면에 있었던 고을이다.

드디어 멀리 서북쪽으로 구름 낀 산이 보이기 시작했습니다. 산
은 구름 사이에 삽날을 꽂아 놓은 것처럼 솟아올라 있었습니다.
섬진 포구 근방에서 삼사십 리는 떨어진 곳이었지만, 십 리도
되지 않을 것처럼 마음 속으로 성큼 들어섰습니다.㉗ 이곳이 바
로 지리산의 바깥쪽입니다.

㉗ 이때 조식 일행은 아마도 성제봉(聖帝峰)을 보았던 듯하다. 섬진 포구
　근방에서 서북쪽을 바라볼 때, '구름 사이로 솟아오른 산'이라면 성제봉

외에는 이렇다 할 것이 없다. 섬진 포구에서 성제봉까지의 거리는, 직선 거리로 약 35리(14km)에 이른다. 성제봉은 현재 형제봉으로 더 널리 알려져 있는 곳이다. 원문에는 십리간(十里間)으로 나오지만, 이번 번역에서는 실제 거리를 추정하여 풀이한다.

우리는 모두 함께 목을 길게 빼고 발뒤꿈치까지 들어 올리며 바라보았습니다. 그리고 이렇게 말했습니다. "방장산(方丈山)이 삼한(三韓) 밖에 있다고 했으나 이미 멀지 않은 곳에 있습니다." 방장산이 삼한 밖에 있다는 말은 당(唐)나라 시인 두보(杜甫)❷❽의 시❷❾에 나오는데, 곧 "신선이 사는 방장산은 이곳에서는 아주 먼, 아득한 땅의 끝자리에 있다"는 뜻입니다. 그런데 이때의 우리에게 방장산은 바로 눈앞에 있었습니다. 이에 우리는 마음이 북받쳐 올라 펄쩍펄쩍 뛰어오르기까지 했습니다. 앞 시대의 유학자 김종직(金宗直)❸❿은 지리산을 유람하면서 두보의 이 시 구절을 읊조렸습니다. 그리고 "나도 모르게 성신과 혼백이 날아오른다"❸❶고 말했습니다. 우리의 마음 또한 이와 같았습니다.

❷❽ 두보(杜甫) 712—770 : 중국 역사상 최고의 시인이라는 평가를 받는다. '시의 성인(詩聖)'으로 일컬어진다. 이백(李白)과 함께 '이두(李杜)'로 불리기도 한다. 귀족적이며 유미주의적인 남북조시대의 시풍에서 벗어나, 인간의 삶, 사회의 현실, 자연의 사실 등에서 현실적이며 일상적인 감동을 찾아내는 시를 썼다. 이로써 당나라 시의 전형(典型)을 마련했다. 과거에는 합격하지 못하고 불우한 젊은 시절을 보냈다. 44세에 처음 관직을 얻었으나 이마저도 순탄하지만은 않았다. 생활이 몹시 궁핍했는데 어린 아들이 굶어 죽을 정도였다. 이곳저곳을 방랑하다가 59세에 동정호(洞庭湖)의 배 위에서 병사했다. 『두공부집(杜工部集)』 등에 약 1천 500편의 시가 전해진다. 하남성(河南省) 궁현(鞏縣)에서 태어났다. 자는 자미(子美), 호는 소릉(少陵)이다.

❷❾ 두보의 「태상경 장기에게 올리는 20운의 시(奉贈太常張卿垍 二十韻)」에 다음과 같은 구절이 나온다. "방장산은 삼한의 밖에 있고 곤륜산은 만국의 서쪽에 있다.—(方丈三韓外 崑崙萬國西)" 여기서 방장산과 곤

룬산은 신선들이 사는 산이다. 두보가 이 두 산을 말하는 것은, 신선이 사는 곳이 아득하게 먼 곳에 있다는 뜻을 나타내기 위해서인 듯하다. 삼한은 마한(馬韓)·진한(辰韓)·변한(弁韓)이다. 곧 우리나라를 말한다.

❸ 김종직(金宗直) 1431—1492 : 단종, 성종 때의 유학자이다. 정몽주, 길재의 학통을 계승했고 김굉필(金宏弼), 정여창(鄭汝昌), 김일손(金馹孫), 남효온(南孝溫) 등의 학문에 큰 영향을 미쳤다. '사림파의 종장(宗匠)'으로 일컬어진다. 세조의 왕위 찬탈을 비난하는 내용을 담은 「조의제문(弔義帝文)」을 지어 절의를 중요시하는 유학자의 면모를 보여주었다. 관료로서 공조참판, 형조판서 등을 지냈다. 문장에도 뛰어나 많은 시문과 일기를 남겼다. 자는 계온(季昷), 호는 점필재(佔畢齋)이다.『점필재집(佔畢齋集)』이 있다.

❸ 김종직의 「유두류록(遊頭流錄)」에 다음과 같은 구절이 나온다. "방장산이 삼한 밖에 있다는 두보의 시 구절을 길게 읊었다. 그리고 스스로 정신과 혼백이 어디론가 날아오르는 일을 자각하지 못하고 있었다.—(長詠子美方丈三韓之句 自不覺神魂之飛越也)"

눈 깜짝할 사이에 악양현(岳陽縣)을 지났습니다.**❷** 강가에 삽암(鍤岩)**❸**이라는 이름의 바위가 있습니다. 바위 모양이 삽날처럼 꽂혀 있기 때문에 삽암이라고 부릅니다. 이곳은 곧 고려의 은자(隱者) 한유한(韓惟漢)이 숨어 살았던 곳입니다. 한유한은 수도 개경에 있을 때 간악한 권신(權臣)들이 나랏일을 제멋대로 하는 것을 보고 "장차 난리가 일어날 것"이라고 말했습니다. 그리고 아내와 자식을 이끌고 이곳으로 와 은거했습니다. 조정에서 대비원녹사(大悲院錄事)**❹** 벼슬을 제수하며 그를 불렀습니다. 하지만 바로 그 날 밤에 달아나 버렸습니다.『주역(周易)』**❺**에서는 "군자는 낌새를 알고 일어나 곧바로 움직인다"**❻**고 말합니다. 한유한은 바로 낌새를 알고 떠났던 사람이었습니다. 그가 떠난 후 아무도 그가 간 곳을 알 수 없었습니다.**❼**

❷ 악양현(岳陽縣)은 현재의 하동군 악양면에 있었던 고을이다. 조식이 악양현을 지났다고 한 것은, 악양현 현창(縣倉)을 지났다는 말일 듯하다. 이

현창은 현재의 하동군 악양면 미점리 개치마을에 있었던 것으로 보인다.

❸ 삽암(鍤岩)은 '꽂힌 바위'라는 뜻이다. 마을 사람들은 '섯바구'라고도 부르고 '선 바위'라고도 부른다. 조선시대의 유학자들은 이 바위를 취적대(取適臺)라고 불렀는데, '한유한이 유유자적하며 노닐던 바위'라는 뜻이다. 하동군 악양면 평사리의 외둔교차로 앞에 있다.

❹ 대비원(大悲院)은 고려 때 가난한 백성의 질병 치료를 맡아보던 의료 구제 기관이다. 문종 때(1049년) 개성(開城)에 설치했으며 동대비원과 서대비원이 있었다. 녹사(錄事)는 고려 때 각급 관아에 속하여 기록과 관련된 일을 맡아보던 하급 관직이다.

❺ 『주역(周易)』: 세상의 본질은 변화(易)라고 말한다. 서로 대립하는 두 사물이 시간에 따라 변화하며 서로에게 영향을 미치는 것이 곧 세상이라는 철학을 담고 있다. 대립하는 두 사물을 음효(陰爻)라고 부르는 '끊어진 선(--)'과 양효(陽爻)라고 부르는 '이어진 선(—)'으로 나타낸다. 음효 또는 양효를 여섯 번 겹쳐 쌓아 64괘를 만들고 이 64괘를 통해 세상의 모든 사물과 이 모든 사물이 일으키는 천변만화를 설명하고자 한다. 유가의 오경(五經) 중 하나이지만, 도가(道家) 등 제자백가도 중요하게 받아들였으며 불가의 승려들도 읽었다. 중국을 비롯한 한문자(漢文字) 국가 사람들의 세계관, 인생관, 자연관에 엄청난 영향을 미쳤다.

❻ 『주역(周易)』「계사전하(繫辭傳下)」편에 다음과 같은 말이 나온다. "낌새라는 것은 사물이 움직일 때의 작은 징조이다. 그러므로 여기에는 길흉의 단서가 나타나 있다. 군자는 이 낌새를 알고 일어나 곧바로 움직이는데 하루의 해가 끝나기를 기다리지 않는다.—(幾者動之微 吉凶之先見者也 君子見幾而作 不俟終日)"

❼ 『고려사열전(高麗史列傳)』에, 조식이 이 대목에서 기술한 것과 대동소이한 내용이 나온다.

나라가 이제 막 망해갈 때는 임금이 현자를 좋아하는 일 따위는 없습니다. 아 —! 어찌 이런 일이 있겠습니까? 송나라 유학자 정이천(程伊川)❽은 임금이 현명한 사람을 좋아하는 일에 대해 이렇게 말한 적이 있습니다. "현자가 벼슬에 나아가는 것은 장차 자신의 도를 실행하고자 하는 것이다. 그런데 임금이 현자를 좋아하는, 성실한 마음이 없다면 잘못을 알려주어도 고치지 않고 충언을 말해주어도 듣지 않을 것이다. 그렇다면

어찌 벼슬에 나아가 할 수 있는 일이 있겠는가?”❸❾ 선한 사람을
선하게 여기고 칭찬하는 일은 당연합니다. 그러나 임금이 현
자를 좋아하는 일은 칭찬하는 것만으로는 충분하지 않다는 것
입니다.

❸❽ 정이천(程伊川) 1033—1107 : 송(宋)나라 때의 유학자이다. “하나의 사
　물에는 반드시 하나의 이(理)가 있다 ㅡ(一物須有一理)”고 말했다. 성리
　학의 이기론(理氣論)을 체계화했다는 평가를 받는다. 이기론은 이(理)
　와 기(氣)의 원리를 통해 자연과 인간의 존재와 운동, 생성과 변화와 소
　멸을 설명하는 이론 체계이다. 27세 때 과거에 낙방한 이후 다시 과거에
　응시하지 않았으며 ‘경전을 연구하고 깨달음을 구하는 독서구도(讀書
　求道)’를 자신의 소임으로 여겼다. 『주역』에 대해 깊이 연구한 후 『역전
　(易傳)』을 썼다. 이 책을 통해 『주역』 64괘를, 미래를 예측하는 도구로
　보는 대신 도덕적인 의미를 함축한 원리로 본다. 형인 정명도(程明道)와
　함께 이정자(二程子) 또는 정자(程子)라고 불린다. 이천(伊川)은 호이고
　이름은 이(頤)이다. 자는 정숙(正叔)이다.
❸❾ 『근사록집해(近思錄集解)』 「출처(出處)」편에 이와 같은 정이천의 말이
　나온다. “ㅡ(賢者之進 將以行其道也 自非人君有好賢之誠心 則諫不行
　言不聽 豈足以有爲哉)”

춘추시대(春秋時代)의 섭자고(葉子高)❹❼는 용을 좋아하여 집안
곳곳에 용 그림을 새겨 놓았습니다. 이에 하늘의 진짜 용이 소
문을 듣고 내려 왔는데 이 진짜 용을 본 섭자고는 깜짝 놀라 달
아났습니다. 섭자고는 용을 좋아하는 척했을 뿐 실제로 용을 좋
아하지는 않았던 것입니다.❹❶ 선한 사람을 칭찬하는 것만이라면
현자를 좋아하는 척하는 것일 뿐 실제로 현자를 좋아하는 것은
아니라는 말입니다. 그렇다면 이는 섭자고가 용을 좋아하는 척
했던 일보다도 쓸모없는 일입니다. 망해가는 나라의 형세에는
아무 도움도 줄 수 없는 것입니다. 아무 도움도 줄 수 없을 뿐만
아니라 오히려 해롭기까지 합니다.❹❷

❹ 섭자고(葉子高) : 춘추시대 초(楚)나라 섭현(葉縣)의 수령인 심제량(沈諸梁)을 말한다. 자고(子高)는 심제량의 자(字)이다. '아버지의 도둑질을 증언하는 아들'에 대해 공자와 대화를 나눈 인물로 알려져 있다.

❹ 한(漢)나라 유향(劉向)의 『신서(新序)』 「잡사(雜事)」편에 다음과 같은 내용이 나온다. "섭자고는 용을 좋아해서 갈고리나 끌로 집안 곳곳에 용 그림을 새겨 넣었다. 이에 하늘의 진짜 용이 이 소문을 듣고 섭자고의 집으로 내려와 머리를 들창으로 집어넣고 대청에서 꼬리를 끌었다. 섭자고는 이것을 보고 뒤도 돌아보지 않고 달아났는데 그 혼령이 나간 듯했고 얼굴색은 공포에 질려 있었다. 이것은 섭자고가 용을 좋아한 것이 아니었기 때문이다. 그가 좋아한 것은 가짜 용이었을 뿐 진짜 용은 아니었다.一(葉公子高好龍 鉤以寫龍 鑿以寫龍 屋室雕文以寫龍 於是天龍聞而下之 窺頭於牖 拖尾於堂 葉公見之 弃而還走 失其魂魄 五色無主 是葉公非好龍也 好夫似龍而非龍者也)"

❹ 이 무렵 조정에는 권간(權奸) 윤원형을 비롯한 무뢰한들이 판치고 있었다. 민심을 잃은 조정은 조식에게 여러 차례 벼슬을 내렸다. 이로써 '현자를 등용한다'는 명분을 얻고자 했던 것이다. 조식이 섭자고의 용 이야기를 인용하며 "망해가는 나라의 형세에는 아무 도움도 줄 수 없다"고 말하는 것은, 이와 같은 조정의 행태를 배경으로 한 것이다. 조식은 어정쩡한 상황에서 벼슬에 나아가는 일은 오히려 '해롭기까지 하다'고 생각했다. 훗날 『명종실록』의 사관은 조식이 벼슬에 나아가지 않은 일에 대해 다음과 같이 사필(史筆)한다. "조식은 초야에 숨어 사는 선비로서 한때의 명성을 얻고 있었다. 그런데 비록 임금의 부름을 받고 벼슬에 나아가도 할 수 있는 일이 없다는 사실을 스스로 알고 있었다. 이에 상소를 올려 진언하며 당시의 폐단을 절실하게 비판했다. 一(植以草野之逸士 負一時之高名 自知雖就徵 而不能有所爲 故陳疏進言 譏切時弊)"

나는 문득 술 한 병을 청한 후 잔에 가득 따랐습니다. 그리고 삽암에 살았던 은자 한유한의 일을 생각하며 잔을 들었습니다.❹ 거듭 깊은 한숨을 내쉬었습니다.

❹ 이때 조식과 함께 삽암을 지났던 이정(李楨)은 「녹사 한유한의 옛 은거지를 찾아서(訪韓錄事舊隱)」라는 시를 지어 이렇게 읊었다. "녹사 한유한은 일만 년의 푸른 바람으로 불어오는데, 나는 일생을 좁고 누추한 곳에 살고 있을 뿐이다.一(萬古淸風韓錄事 一生陋巷李龜巖)"

정오가 가까워올 무렵 화개현 도탄(陶灘)❹에 배를 댔습니다. 어리숙해 보이는 시골 사람들이 고깔 모양의 모자를 쓰고 와서 인사했습니다. 곧 악양현과 화개현에서 일하는 아전들이었습니다. 또 옷깃이 둥근 단령포(團領袍)❺를 입은 사람 서너 명이 와서 인사했습니다. 곧 김홍이 다스리는 진주목에서 규찰(糾察)과 권농(勸農)을 담당하는 관원들이었습니다. 규찰은 죄와 악행을 자세히 밝히는 일이고, 권농은 농사일을 장려하고 감독하는 일입니다.❻ 양쪽 강 언덕의 산마을은 높고 낮은 비탈을 따라 이어져 있습니다. 산마을 사이로는 밭 자락이 종횡으로 뻗어 있습니다. 하지만 제대로 농사를 짓는 곳은 열 자락 중 한 자락에 지나지 않았습니다. 그렇다 하더라도 이 밭 자락은, 임금의 교화가 이 궁벽한 골짜기에까지 스며들었던 흔적입니다. 이로써 예전에는 이곳 백성들의 재물이 넉넉했다는 사실을 알 수 있습니다.

❹ 도탄(陶灘) : 하동군 화개면 덕은리의 섬진강에 있었던 여울을 말한다. 영당마을 부근이었을 것으로 보이나 정확하지는 않다.

❺ 단령포(團領袍)는 목 부분의 옷깃이 둥글다. 길이가 발뒤꿈치까지 내려오고 소매가 넓은 도포의 한 가지이다. 조선시대 관원이 입었던 공복(公服)이다. 민간에서는 혼례복으로 입기도 했다.

❻ 조선시대 각 고을의 수령은 수령칠사(守令七事)의 일곱 가지 의무를 가지고 있었다. 곧 농업과 잠업 장려, 호구 확대(인구 증가), 학교 진흥, 군정(軍政) 정비, 균등한 부역(賦役), 간명한 송사, 풍속 교정 등이 그것이다. 그러므로 권농과 규찰은 수령이 책임져야 할 가장 중요한 직무였다.

도탄에서 한 마장❼ 쯤 떨어진 산자락에 유학자 정여창(鄭汝昌)❽의 옛 집이 있습니다. 정여창은 함양군(咸陽郡) 덕곡리(德谷里) 개평촌(介坪村)❾에서 태어났습니다. 함양은 옛날에 천령(天嶺)❿이라고도 했는데, 그의 학문은 과연 하늘과 맞닿은 큰 봉우리와도 같았습니다. 함양군수로 와 있던 김종직의 문하에서 『소학(小學)』❺¹을 배워, 학문의 연원을 찾고 이를 독실하게 실천했습니다. 이로써 '우리 유학(道學)'의 실마리를 열어 주었습니다. 어머니를 잃었을 때는 가슴을 치고 통곡하다가 거의 목숨을 잃을 지경에까지 이르렀습니다. 모친의 삼년상을 마친 후 아내와 자식을 데리고 이곳으로 들어왔습니다.

❹ 마장은 거리의 단위이다. '리(里)'와 거의 같은 거리를 나타낸다. 1마장은 약 393m이고, 1리(里)는 약 392m이다. 10리 미만의 거리를 말할 때 마장이라는 단위를 흔히 쓴다.

❽ 정여창(鄭汝昌) 1450─1504 : 성종, 연산군 때의 유학자이다. 1472년 함양군수 김종직(金宗直)의 문하에서 공부했다. 1488년 지리산 자락의 화개현(현재의 하동군 화개면 덕은리)에 악양정(岳陽亭)을 짓고 성리학을 연구했다. 정명도, 정이천, 장재, 주희의 견해를 두루 살폈으며 경서(經書)에 능통했다. 1490년 김일손의 천거로 예문관검열(藝文館檢閱)을 제수받았다. 이후 시강원설서(侍講院說書), 안음현감(安陰縣監) 등을 지냈다. 1498년의 무오사화(戊午史禍) 때 함경도(영안도) 종성부로 유배된 후 1504년에 죽었다. 효행으로 이름이 났다. 모친이 병을 앓자 대변을 맛보고 통곡했다. 본관은 하동(河東)이다. 자는 백욱(伯勗), 호는 일두(一蠹)이다. 일두라는 호는 '한 마리의 좀벌레'라는 뜻이다.

❾ 덕곡리 개평촌은 현재의 함양군 지곡면 개평마을을 말한다. 이곳에는 '일두고택(一蠹故宅)'이 남아 있다. 함양군(咸陽郡)은 현재의 함양읍·백전면·병곡면·수동면·유림면·지곡면·휴천면을 포함하는 고을이었다. 현재의 안의면·서상면·서하면은 안음현(安陰縣)에 속해 있었다.

❿ 천령(天嶺)은 함양군의 옛 이름이다. 원래 속함(速含) 또는 함성(含城)이라고 했는데, 신라 경덕왕 때(757년) 천령군(天嶺郡)으로 개칭했다. 고려 현종 때(1018년) 함양군(咸陽郡)으로 다시 개칭했다.

⓫ 『소학(小學)』은 주희의 제자 유자징(劉子澄)이 청년들에게 유학을 가르치기 위해 편찬한 책이다. 일상생활에서의 예의범절, 수양을 위한 격언, 충신과 효자의 이야기 등을 모아 놓았다. 조식 시대의 사림파 유학자들은 『소학』을 공부하여 이를 실천하는 일을 학문의 근본으로 생각했다. 조식 또한 "배우는 사람은 반드시 『소학』으로 그 기본을 세워야 한다ー(必以小學 立其基本)"(『남명선생편년(南冥先生編年)』)고 말했다.

이후 벼슬에 나아가 임금(성종)의 명령을 받드는 예문관검열(藝文館檢閱)❷을 지냈습니다. 이때 임금이 정여창을 세자(훗날의 연산군)를 가르치는 시강원설서(侍講院說書)❸로 삼았습니다. 그런데 정도(正道)로 세자를 보좌하다가 세자의 미움을 받았습니다.❹ 이에 안음현감(安陰縣監)❺으로 내려갔습니다. 안음현을 다스린 지 한 해가 지나자 고을 사람들이 모두 기뻐했습니다.❻ 그러나 벼슬에 나아갔던 일로 인해 결국은 연산군❼에게 죽임을 당하고 말았습니다. 무오년(1498년)의 사화❽에 연루된 후, 유배지에서 세상을 떠나야 했던 것입니다.

❷ 예문관은 역사적 사실을 기록하고 왕명을 대필하는 관서이고 예문관검열(藝文館檢閱)은 예문관의 정구품 관직이다. 임금의 지근거리에서 일하는 근시(近侍)로 여겨진다. 원문의 내한(內翰)은 왕을 가까이에서 모시는 예문관 관원을 말한다.

❸ 시강원설서(侍講院說書)는 세자에게 유학 경전, 역사서, 사람으로서의 마땅한 도리 등을 가르치는 정칠품 관직이다.

❹ 『연산군일기(燕山君日記)』 연산8년(1502년) 11월 29일 기사에 다음과 같은 연산군의 말이 나온다. "내가 세자(世子)였을 때, 조지서(趙之瑞)와 정여창(鄭汝昌)이 나에게 이렇게 말했다. ˊ성종(成宗)께서 실학(實學)에 있어서는 최선을 다하지 않았다.ˊ 그런데 이 말은 마땅히 나에게 말할 수 없는 것이었다. 이번 일은 비록 이와 비슷한 것은 아니지만, 나는 자기가 남과는 다르다고 말하는 사람을 매우 미워한다.─(予爲世子 趙之瑞鄭汝昌嘗語予曰 成宗於實學 不能盡善 此語不當言于予也 此事雖不類是 予甚疾自異於人者)"

❺ 안음현(安陰縣)은 함양군 북쪽의 안의면·서하면·서상면, 거창군 남쪽의 마리면·북상면·위천면에 걸쳐 있었던 고을이다. 영조 때인 1767년 음(陰)자가 좋지 않다 하여 '안의현(安義縣)'으로 이름을 바꾸었다.

❻ 정희삼(鄭希參)이 쓴 「정여창의 행장(行狀)」에 다음과 같은 구절이 나온다. "백성들의 고통은 과도한 조세와 부역에 있음을 알았다. 이에 간편하게 적용할 수 있는 규칙 수십 가지를 만들어 시행했다.─(知民疾苦 在賦斂 遂作便宜數十條)" 이 행장은 『일두집(一蠹集)』에 실려 있다.

❼ 무오사화(戊午士禍)를 말한다. 무오사화는 연산군 때인 1498년, 김종

직·김일손(金馹孫) 등의 신진 사림파가 화를 입은 사건이다. 김일손이 사초에 삽입한 김종직의 「조의제문(弔義帝文)」에 대해 이극돈(李克墩)·유자광(柳子光) 등의 훈구파가 대역부도(大逆不道)를 범한 것이라고 고발하자, 연산군이 이를 문제 삼아 사림파를 죽이고 귀양 보냈다. 사초(史草)가 발단이 되었기 때문에 '사화(史禍)'라고도 한다. 조선시대의 4대 사화 가운데 첫 번째 사화이다.

❺❽ 원문의 교동주(喬桐主)는 곧 연산군을 일컫는 말이다. 중종반정으로 폐위된 후 강화도 교동(喬桐)에 위리안치되었으므로 교동주라고 말한다.

송나라 유학자 정이천은 『역전(易傳)』에서 "군자는 이치에 밝고 모든 일에 능통하니(明哲) 일의 낌새를 보아 움직인다"❺❾고 말했습니다. 유학자 정여창의 도탄은 은자 한유한의 삽암으로부터 십 리 정도의 거리에 있습니다. 두 사람 다 '이치에 밝고 모든 일에 능통한' 군자였습니다. 그러나 이들의 다행과 불행은 '낌새를 보아' 움직인 것과는 달랐습니다. 그렇다면 밝고 환한 이들의 다행과 불행은 어찌 운명이 아니겠습니까?❻⓪

❺❾ 정이천(程伊川)의 『역전(易傳)』「예괘(豫卦)」에 다음과 같은 말이 나온다. "군자는 이치에 밝고 모든 일에 능통하여 일의 낌새를 본다. 이런 까닭에 그 절개가 돌과 같다. 절개를 지키는 것이 이미 견고하니 미혹되지 않고 환하게 알며 낌새를 보아 움직인다.—(君子明哲 見事之幾微 故能 其介如石 其守旣堅 則不惑而明 見幾而動)"

❻⓪ 유학자 이황(李滉)은 조식의 『유두류록』을 읽고 짧은 발문(跋文)을 썼다. 특히 이 구절에 대해서는 감탄을 금치 못하며 이렇게 말했다. "이치에 밝고 모든 일에 능통한 인물의 다행과 불행은 어찌 운명이 아니겠느냐와 같은 구절은 진실로 일천년 영웅들에 대한 탄식을 자아낼 만하다. 또한 깊고 어두운 저승 세계의 귀신들을 흐느끼도록 할 만하다.—(明哲之幸不幸等語 眞可以發千古英雄之歎 而泣鬼神於冥冥中矣)"

泓之剛而
先到石門
是雙磎寺洞門也
蒼崖兩開
可丈餘
崔學士致遠
手寫四字
題其右曰雙磎
左曰石門
畫大如鹿脛
刊入石骨
迄今二千年
不知此後幾千年也

西邊一溪
崩崖轉石
遙從百里來者
乃神凝擬神洞水也
東邊一溪

漏雲穿山
邈不知所從來者
乃佛日青鶴洞水也
寺在兩溪間
是謂雙磎也

十尺高碑
龜趺屹立
豎在寺門外數十步
乃致遠碑也
前有高樓
扁題八詠樓
後有碑殿重營
未覆以瓦

寺僧慧通愼旭
餉以茶果
雜以山蔬
接以賓主之禮

是夜初昏
植忽嘔吐下瀉
郤食仆卧
愚翁護宿西廂室

十七 日

頡朝
泓之來問疾

忽聞
全羅道魚瀾獌島
倭舡來泊
卽徹行謀
促食將返
略行卮酌
曾此湖南儒者
金得李許繼
趙壽期崔研
先到
俱邀於法堂

酒一巡
樂一闋
遽別
行色忽遽

未暇說
討北山移檄之事
但於昨日舟中
暫戲

泓之束紫帶於腰
此是繫縛卯申之物
却恐
卯申縛出去也
拍手一噱
及是果然

只恨
吾輩修行無力
不能護一老友
共坐支機石上
泄吐滿腔塵土
吸盡無限金華
以作
桑楡一半糧料也

留妓
鳳月甕臺
江娥之貴千
吹笛千守
餘皆放黜

大雨終日不已
陰雲四合
不知此外人間
隔幾重雲水也

及午
湖南郵吏
以從事書來到
煙臺所報
乃漕舡數隻

益嘆
泓之骨相無分
暫不許一柯爛頃也
泓之
猶修無量度戒
酒脯相望
音書繼至
六甲行廚之具
盡付之姜國年
使吾輩都
不知桂玉之累
國年州吏也

是日
剛而族生李應亨
來詣寺門
及夕
寅叔下注呻痛
薄暮剛而

卒痛胸腹吐出數斗
絞腸翻胃
氣勢甚苦
下注轉急
投以蘇合元不效
又投清香油不效

舊狎江娥之
捧首護持
向晨始定
朝起遽然擡首曰
去夜胸痛
如不克濟
吾雖死諸君在
吾寧
死於婦人之手乎

諸君慰解曰
君亦劫漢
貪生之念常重
故暫遇微疾
忽愛其死也
死生亦大
豈應若是其微耶

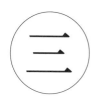

겹겹의 비와 구름 속

진주목사 김홍과 사천현의 이정이 가장 먼저 쌍계석문(雙磎石門)❶에 이르렀습니다. 이 문은 곧 쌍계사(雙磎寺)❷가 있는 동천(洞天)❸으로 들어가는 입구입니다. 벼랑 바위가 길 양쪽에 서 있는 것이 문과도 같은데, 그 길이는 한 장(丈)❹이 넘을 듯했습니다. 양쪽의 바위에 '쌍계석문'이라는 각자(刻字)가 있기 때문에 이런 명칭으로 부릅니다. 오른쪽 바위에는 '쌍계(雙磎)' 각자가, 왼쪽 바위에는 '석문(石門)' 각자가 새겨져 있습니다.❺ 신라의 학사 최치원(崔致遠)❻이 이 벼랑 바위에 직접 네 글자를 썼습니다. 글자 획의 크기가 사슴의 정강이만합니다. 또한 그 각자의 깊이는 바위 속의 뼈를 드러낼 만큼 깊습니다. 지금에 이르기까지 이미 육칠백 년❼이 흘렀는데 이후 몇 천 년이나 남아 있을지 알 수 없습니다.

❶ 하동군 화개면 운수리 석문마을에 있다.

❷ 쌍계사(雙磎寺)는 하동군 화개면 운수리의 지리산 기슭에 자리잡고 있는 절이다. 신라의 승려 삼법(三法)과 대비(大悲)가 724년에 처음 산문(山門)을 열었고, 진감선사(眞鑑禪師)가 840년에 절을 크게 확장하여 선(禪)과 범패(梵唄)를 가르쳤다. 임진왜란 때 소실된 것을 승려 벽암

(碧巖)이 1632년에 중건했다. 대한불교조계종 제13교구 본사이다.

❸ 동천(洞天)은 산천으로 둘러싸인 경치 좋은 곳을 말한다. 하나의 냇물을 공유하는 골짜기를 가리키는 경우가 많다.

❹ 장(丈)은 길이의 단위이다. 1장은 10자(尺)이다. 『경국대전(經國大典)』에 나오는 황종척(黃鍾尺)을 기준으로 하면 1자는 34.7cm이다. 1장은 곧 347cm이다.

❺ 쌍계사로 올라가는 방향에서 보면 왼쪽 바위에 '쌍계(雙磎)'가 새겨져 있고 오른쪽 바위에 '석문(石門)'이 새겨져 있다. 1632년 나온 『진양지』 쌍계사 항목에서도 '쌍계석문' 글자의 위치에 대해, "왼쪽에 쌍계라고 썼고 오른쪽에 석문이라 썼다 一(左曰雙磎 右曰石門)"고 기록하고 있다. 하지만 바위의 입장에서 본다면 왼쪽이 석문일 듯도 하다.

❻ 최치원(崔致遠) 857一? : 신라 때의 학자이다. 유학(儒學), 불교(佛敎), 도교(道敎)에 모두 이해가 깊었고, 유불선 통합 사상을 제시했다. 열두 살에 당나라로 유학을 가 빈공과(賓貢科)에 장원으로 합격했다. 황소의 난이 일어나자 「토황소격문(討黃巢檄文)」을 써서 이름을 높였다. 신라로 돌아와 진성여왕에게 시무책을 올려 정치 개혁을 추진했다. 수많은 시문(詩文)을 남겼다. 『계원필경(桂苑筆耕)』, 『사륙집(四六集)』 등이 있다. 경주최씨(慶州崔氏)의 시조이다. 자는 고운(孤雲)·해운(海雲)이다.

❼ 원문에는 이천년(二千年)으로 나와 있다. 하지만 최치원의 시대는 조식이 살았던 시대로부터 육칠백 년 전이다. 이에 후대 판본에서는 이(二)자를 이(已)자의 오자로 보기도 한다. 조식은 천(千)자를 다만 '아주 많다'는 뜻으로 썼을 법도 하다. 이번 번역에서는 실제의 시간 차이를 추정하여 '이미 육칠백 년'이라고 풀이한다.

이곳을 쌍계라고 부르는 것은 두 개의 냇물이 흘러드는 곳이기 때문입니다. 하나는 서쪽 산모퉁이를 돌아 나옵니다. 벼랑을 무너뜨리고 바위를 굴리며 저 일백 리 밖에서 이곳에 이른 것입니다. 곧 신응동(神凝洞)❽과 의신동(擬神洞)❾의 물입니다.❿ 다른 하나는 동쪽 산모퉁이를 돌아 나오는데, 구름 속에서 새어나와 산을 뚫고 이곳에 이른 것입니다. 하지만 까마득하여 그 흘러온 연원을 알 수 없는 것입니다. 곧 불일암(佛日庵)⓫이 있는 청학동(靑鶴洞)❷의 물입니다. 쌍계사는 이 두 냇물 사이에 있습니다.

❽ 신응동(神凝洞)은 화개동(花開洞)의 중심으로서 지리산에서 가장 아름다운 곳으로 여겨졌던 동천이다. (신응동은 화개동의 일부이다.) 신라의 최치원은 이곳을 '호리병 속의 별천지(壺中別有天)'라고 말했다. 고려의 이인로는 "지나는 곳마다 선경 아닌 곳이 없었다"고 말했다. 맑은 물과 기이한 바위가 어울린 계곡 위에 신응사(神凝寺)가 조화를 이루고 있었다. 현재의 하동군 화개면 범왕리 신흥마을 일대이다. (화개동은 대체로 현재의 화개면 전체를 일컫는다.)

❾ 의신동(擬神洞)에 대해 유학자 남효온은 '비할 수 없이 아름다운 곳'이라고 말했다. 지리산 능선의 벽소령(碧霄嶺)으로 올라가는 길목에 자리잡은 아늑한 산간 분지이다. 의신사(義神寺)가 있었다. 현재의 하동군 화개면 대성리 의신마을 일대이다.

❿ 신응의신동수(神凝擬神洞水)를 풀이한 것이다. 기존의 번역 중에는 이 구절을 "신응사가 있는 의신동의 물이다"라고 풀이한 경우가 있다. 하지만 신응사가 있었던 신응동과 의신사가 있었던 의신동은 서로 구별되는 별개의 공간이다. 의신동에 신응사가 있었다고 보기에는 무리가 있다.

⓫ 불일암(佛日庵)은 하동군 화개면 운수리에 있는 암자이다. 고려 때 이곳에서 수도한 지눌(知訥)의 호가 불일보조(佛日普照)이기 때문에 암자의 이름을 '불일암'이라고 지었다고 한다.

⓬ 청학동(靑鶴洞)은 청학이 살고, 신선이 노니는 곳으로 여겨졌던 곳이다. 조식 시대의 유학자들은 불일암이 있는 불일폭포 일대를 이 청학동이라고 생각했다.

쌍계석문에서 한 마장 정도 더 올라가 쌍계사에 도착했습니다. 절 문 앞에 열 자(尺)⓭ 높이의 큰 비석이 우뚝 서 있습니다. 용의 몸에 거북의 등딱지를 가진 귀부(龜趺)⓮가 이 비석을 떠받치고 있습니다. 비석이 서 있는 곳은 절 문에서 동쪽으로 스무남은 걸음(步) 떨어진 절 문 밖⓯입니다. 이것은 곧 학사 최치원이 글을 짓고 글씨를 쓴 진감선사비(眞鑑禪師碑)⓰입니다. 벗들과 함께 비문을 읽었습니다. 첫 구절을 "도(道)는 사람에게서 멀리 있지 않다"❼는『중용(中庸)』❽의 말로 시작합니다.

❸ 1자(尺)의 길이는 흔히 30.3cm로 알려져 있다. 그러나 조선 전기의 1 자는『경국대전(經國大典)』에 나오는 황종척(黃鍾尺)을 기준으로 34.7cm였다. 그러므로 10자는 곧 347cm이다. 이 비석은 곧 진감선사비(眞鑑禪師碑)인데 진감선사비의 실제 높이는 363cm이다.

❹ 용의 몸에 거북의 등딱지를 가진 귀부(龜趺)의 모습은 전설 속의 동물인 비희(贔屭)에서 유래했다. 명나라 양신(楊愼)의『단연록(丹鉛錄)』에 다음과 같은 내용이 나온다. "용이 새끼를 낳았는데 아홉 마리가 용이 되지 못했다. 그 가운데 첫 번째가 비희(贔屭)이다. 모습이 거북과 닮았고 무거운 짐을 잘 지므로 지금도 비석의 귀부로 쓴다.—(龍生九子不成龍 一曰贔屭 形似龜 好負重 今碑龜趺)" 거북의 등딱지 위에 장방형의 '비석 자리(碑座)'를 마련하고 그 위에 비석을 세우는 일은 당(唐)나라 때 시작됐다.

❺ 조식의 시대에 쌍계사의 중심은 현재 '금당(金堂) 영역'으로 일컬어지는 곳이었다. 현재의 팔상전(八相殿) 자리가 법당이었고 이 법당 앞에 동서 방향으로 영주당(瀛洲堂)과 봉래당(蓬萊堂)이 있었다. 금당, 동방장(東方丈), 서방장(西方丈)은 법당의 뒤쪽에 있었다. 그리고 절의 입구는 현재의 성보박물관 쪽이었다. 현재 '대웅전 영역'으로 일컬어지는 곳은 조식이 이곳을 다녀간 이후 조성되기 시작했다. (현재의 모습은 임진왜란 이후 중건된 것이다.) 조식이 절 문 밖에 진감선사비가 있다고 말하는 것은 이런 까닭에서이다.

❻ 진감선사비(眞鑑禪師碑)는 통일신라 후기의 승려인 진감선사(眞鑑禪師, 774-850)의 덕을 기리기 위해 세워진 탑비이다. 진감선사는 불교 음악인 범패(梵唄)를 도입하여 대중화시킨 인물이다. 당나라 유학을 다녀왔다. 높은 법력(法力)으로 당시 왕들의 추앙을 받았다. 최치원이 비문을 짓고 글씨를 썼다.

❼「진감선사비(眞鑑禪師碑)」는 다음과 같은 문장으로 시작한다. "무릇 도는 사람에게서 멀리 있지 않다. 도를 구하는 사람은 나라의 다름에 구애받지 않는다.—(夫道不遠人 人無異國)"『중용』「십삼장(十三章)」에 다음과 같은 말이 나온다. "공자가 말했다. '도는 사람에게서 멀리 있지 않다. 사람이 도를 행하면서 사람을 멀리 한다면 도라고 말할 수 없다.'—(子曰 道不遠人 人之爲道而遠人 不可以爲道)"

❽『중용(中庸)』: 인간의 본성은 하늘에서 부여받은 것이라고 주장한다.

곧 "하늘이 명령한 것을 성이라고 한다 (天命之謂性)"라고 말한다. 이로써 유가 이념이 목적으로 삼은 일이 인간성의 실현에 있다고 선언한다. 공자의 손자인 자사(子思)가 지은 것으로 알려져 있다. 원래 『예기』의 한 편이었는데, 주희가 사서(四書)의 하나로 삼았다.

비석의 앞쪽에는 높은 다락집이 있습니다. 현판에 팔영루(八詠樓)⓱라고 적혀 있습니다. 팔영루는 진감선사가 섬진강에서 뛰어오르는 물고기를 보고 팔음률(八音律)로 범패(梵唄)를 만든 일⓴에서 비롯된 이름입니다. 비석의 뒤에는 비전(碑殿)㉑이 있는데 짓는 중이라서 아직 기와는 덮여 있지 않았습니다.

⓱ 조식이 쌍계사를 찾았을 무렵, 팔영루(八詠樓)는 터를 옮겨 막 새로 지은 곳이었을 듯하다. 유학자 남효온(南孝溫)이 1487년 지리산을 유람하고 지은 「지리산일과(智異山日課)」에, "(절 뒤의 금당에서 책을 읽었는데) 금당 앞에 팔영루의 옛터가 있었다"는 내용이 나온다. 그리고 승려 휴정(休淨, 서산대사)이 1549년에 쓴 「지리산 쌍계사 중창기(智異山 雙谿寺 重創記)」에 "팔영루 세 칸의 지붕을 다시 얹고 진감선사비 앞과 뒤에 돌을 쌓아 대를 만들었다 一(重葺八詠樓三間 碑前碑後築石以臺之)"는 내용이 나온다. 현재의 팔영루는 임진왜란 후인 1641년 다시 지은 것이다.

⓴ 범패(梵唄)는 부처님의 공덕을 찬미하는 불교 음악을 말한다. 진감선사가 이곳에서 범패를 만들었던 일은 우리나라 음악의 기원으로 여겨진다.

㉑ 비전(碑殿)은 비석을 보호하기 위해 짓는 전각을 말한다. 조식이 짓는 것을 보았던 것은 아마도 진감선사비를 보호하기 위한 전각이었을 듯하다. 현재는 남아 있지 않다.

쌍계사의 승려 혜통(慧通)과 신욱(愼旭)이 차와 과자를 가져 왔습니다. 여기에 산나물까지 곁들여서 공손하게 대접해 주었습니다. 이날 밤 초저녁에 내가 느닷없이 구토와 설사를 했습니다. 이에 음식도 먹지 못하고 누워 있어야 했습니다. 이희안이 서쪽 곁방에서 함께 묵으며 나를 간호해 주었습니다.

十七日

쌍계사에서, 김홍이 급히 떠나다

────

산새들 날아오르는 소리가 들리는 아침이었습니다. 김홍이 찾아와 나의 병에 대해 물었습니다.

김홍은 또 느닷없는 소식을 전해 주었습니다. 전라도 남해안의 어란포(於蘭浦)와 달량포(達梁浦)❷에 왜선이 올라왔다는 것이었습니다. 이 일대는 지난 을묘년(1555년)에 왜선 70여 척이 상륙해 우리 백성들을 죽이고 노략질을 일삼았던❸ 곳입니다. 이에 진주목사 김홍은 곧바로 유람 계획을 취소했습니다. 김홍은 고을 수령으로서 군정(軍政)에 대한 책임을 가지고 있었습니다.❹ 서둘러 식사를 마쳤습니다. 막 돌아가려고 하면서 간략한 술자리를 마련했습니다. 우리보다 앞서 호남의 유생 김득리(金得李), 허계(許繼), 조수기(趙壽期), 최연(崔硏) 등이 쌍계사에와 있었습니다. 이들도 불렀습니다. 술자리는 법당이었습니다. 술은 한 잔씩만 마시고 음악도 한번만 연주했습니다. 다들 움직이는 모습이 급박했습니다.

❷ 어란달도(魚瀾獺島)를 풀이한 것이다. 조식은 어란달도(魚瀾獺島)라고 썼는데, 『왕조실록』에는 어란달도(於蘭達島)라고 나온다. 어란달도는 전라도 해남현의 어란포(於蘭浦)와 영암군의 달량포(達梁浦)를 말한다. 두 곳 모두 병선이 배치된 수군진(水軍鎭)이었다. 어란포는 현재의 해남군 화산면 연곡리에, 달량포는 현재의 해남군 북평면 남창리에 있었던 것으로 보인다.

❸ 1555년 5월 일어난 달량포왜변(達梁浦倭變)을 말한다. 이 왜변은 약 6천 명의 왜구가 전라도 영암군 달량포로 침입해 약 보름 동안 남해안 지방을 휩쓸고 다니며 식량과 무기를 약탈했던 사건이다. 왜구는 왜선 70여 척을 끌고 왔지만, 왜구 침입 초기 그 규모를 오판한 조선군은 제

대로 싸워보지도 못하고 달량성을 빼앗기는 등 큰 수모를 당했다. 왜구는 영암군을 비롯해 해남현, 강진현(康津縣), 장흥부, 진도군 등지를 마음껏 휩쓸고 다녔다. 조선군은 전주부윤 이윤경(李潤慶)이 영암성에서 활약하면서 전세를 뒤집은 이후에야 왜구를 물리칠 수 있었다. 을묘년에 있었던 일이므로 을묘왜변(乙卯倭變)이라고도 한다.

❷❹ 조선시대의 목사는 군사(軍事), 군비(軍備)와 관련한 행정 책임을 가지고 있었다. 뿐만 아니라 군직(軍職)인 첨절제사(僉節制使)를 겸직했다.

뭔가 한 마디 아쉬움의 말을 할 겨를도 없었습니다. 남북조시대(南北朝時代)❷❺의 문인 공치규(孔稚珪)❷❻는 북산(北山)에서 함께 은자 생활을 하던 벗이 갑자기 변절하여 벼슬에 나아가자 이를 매우 못마땅하게 여겼습니다. 이에 「북산의 산신이 보내는 경고의 글(北山移文)」을 지어 변절한 벗을 비웃었습니다. 북산으로 찾아오려는 벗에게 북산의 산신(山神)이 "굵은 나뭇가지를 날려 수레바퀴를 부서뜨릴 것"이라고 말하고, 또 "변절하여 벼슬에 나아간 속세의 선비는 수레를 끌고 돌아가라"고 말했던 것입니다.❷❼ 말인즉슨, 이때 전라도 남해안에 나타난 왜선은 지리산 산신이 김홍에게 던진 굵은 나뭇가지와 같았습니다. 지리산 산신은 이로써 김홍을 돌아가도록 했던 것입니다.

❷❺ 남북조시대(南北朝時代) 317—589 : 서진(西晉)이 멸망한 이후부터 수(隋)나라가 중국을 통일하기 이전까지의 시대이다. 이 사이 중국은 남북으로 분열되어 각각 서로 다른 왕조가 흥망성쇠를 거듭하였다. 남쪽에서는 동진(東晉), 유송(劉宋), 남제(南齊), 양(梁)나라, 진(陳)나라 왕조가 교체되었고, 북쪽에서는 북위(北魏), 북제(北齊), 북주(北周) 등의 왕조가 교체되었다.

❷❻ 공치규(孔稚珪) 447—501 : 개구리의 울음소리는 자연의 음악이라 하여 뜰의 풀도 베지 않고 시와 노래를 즐겼다고 한다. 지식인의 이중성을 풍자한 「북산의 산신이 보내는 경고의 글(北山移文)」로 유명하다. 남북조시대의 문인이다.

❷ 공치규는 「북산의 산신이 보내는 경고의 글(北山移文)」에서 이렇게 쓴다. "혹은 굵은 나뭇가지를 날려 수레바퀴를 부서뜨릴 터이다. 혹은 낮은 나뭇가지로 바닥을 쓸어 발자국을 없애버릴 터이다. 그러니 속세의 선비는 수레를 끌고 돌아가기를 청한다.—(或飛柯以折輪 乍低枝而掃迹 請廻俗士駕)" 이 글은 『고문진보(古文眞寶)』에 실려 있다. 『고문진보』는 조식이 제자들에게 읽기를 장려한 책 중 하나이다.

다만 어제 배를 타고 오면서 김홍과 웃음엣말을 나누기는 했습니다. 김홍은 허리에 자줏빛 띠(紫帶)❷를 매고 있었습니다. 이에 나는 이렇게 말했습니다. "이것은 바로 토끼와 원숭이를 묶어 놓는 물건입니다. 하지만 이 토끼와 원숭이가 도리어 벼슬아치를 묶어서 멀리 데려갈까 무섭습니다." 그리고 손뼉을 치며 한 바탕 크게 웃었습니다. 벼슬아치들은 묘시(卯時)에 등청하고 신시(申時)에 퇴청합니다.❷ 이에 이러한 익살을 부렸던 것입니다. 그런데 이날 아침 과연 토끼와 원숭이가 김홍을 데려가는 일이 일어나고 말았습니다.

❷ 『경국대전(經國大典)』 「금제조(禁制條)」에서는 다음과 같이 규정하고 있다. "서민 남녀는 붉은색과 자줏빛 옷, 자줏빛 띠, 금, 은 등을 금한다.—(庶人男女 則竝禁紅紫衣紫帶金銀)" 이로부터 자줏빛 띠는 벼슬아치를 비유하는 말로 쓰였다.

❷ 조선의 벼슬아치들은 묘시(卯時)에 출근하여 신시(申時)에 퇴근했다. 이에 벼슬아치들이 관청에서 직무에 종사하는 일을 묘신(卯申)이라고 했다. 묘시는 오전 다섯 시에서 일곱 시까지이고 신시는 오후 세 시에서 다섯 시까지이다. 묘(卯) 자와 신(申) 자는 십이지지(十二地支)를 나타내면서, 또한 각각 '토끼'와 '원숭이'를 뜻한다.

다만 한스러운 일은 우리 일행이 수행으로 기른 공력(功力)이 부족하다는 점이었습니다. 이 때문에 우리는 늙은 벗 한 사람조차 지킬 수 없었습니다.❸ 한(漢)나라 때의 어떤 사람은 황하(黃

河)의 근원을 찾아 한없이 거슬러 올라가다가 하늘에 닿았습니다. 그리고 직녀가 베를 잘 때 쓰는 지기석(支機石)을 얻어서 돌아왔다고 합니다.❸ 우리 또한 김홍과 함께 지리산에서 이와 같이 할 수 있었습니다. 더불어 정좌(靜坐)하여 스스로의 근원을 찾아 한없이 거슬러 올라갈 수 있었습니다.❷ 이를 통해 몸통 속을 잡스럽게 채우고 있는 세상의 티끌을 한 점 남김없이 깨끗하게 뱉어낼 수 있었습니다. 뿐만이 아닙니다. 한나라 때의 어떤 양치기는 신선이 사는 금화산(金華山)으로 들어갔다가 문득 도를 깨달았다고 합니다.❸ 우리도 금화산과 같은 지리산의 무한한 정기를 온통 빨아들일 수 있었습니다. 이와 같이 자신을 닦아 만년에 필요한 양식의 절반쯤은 얻을 수 있었습니다.❹ 그런데 왜선이 올라온 탓에 이와 같이 할 수 없었습니다.

❸ 전라도 남해안에 왜선이 올라온 일로 인해 지리산에서 쫓겨나듯 돌아가야 했던 진주목사 김홍을 지켜주지 못했다는 말이다.

❸ 한나라 무제(武帝) 때 서역으로 간 사신 장건(張騫)은 뗏목을 타고 황하의 근원을 찾아 한없이 거슬러 올라간다. 그리고 마침내 하늘의 은하(銀河)에까지 이르고, 그곳에서 베를 짜는 직녀를 만나 지기석(支機石)을 얻어온다. 지기석은 직녀가 베를 짤 때 베틀을 괴는 돌을 말한다. ― 이 이야기는 『천중기(天中記)』에 나온다. 조식은, 자신을 닦는 수행(修行)에 대해 말하기 위해 이 지기석 이야기를 가져오는 듯하다.

❷ 정좌(靜坐)는 유학자들의 수련법이다. 고요하게 눈을 감고 앉아서 잡념을 끊고 자신의 내면에 있는 도덕적 이치에 집중하는 것이다. 『근사록집해』「존양(存養)」에 다음과 같은 말이 나온다. "정이천은 언제나 사람들이 정좌해 있는 것을 보고는 곧 잘 배웠다고 감탄했다. 마음은 고요함으로 인해 안정되고 이치는 고요함으로 인해 밝아진다.―(伊川 每見人靜坐 便歎其善學 心以靜而定 理以靜而明)"

❸ 『신선전(神仙傳)』「황초평전(黃初平傳)」에 이와 같은 전설이 나온다. 황초평(黃草平)은 열다섯 살에 양을 치다가 신선술을 닦기 위해 도사를 따라 금화산(金華山)으로 들어간다. 40년이 지난 후 형 황초기(黃初起)가 찾아와 양이 어디 있느냐고 묻자 황초평이 흰 돌밭(白石)을 향해 "양

들아, 일어나라—(羊起)"라고 소리쳤고 흰 돌밭이 수만 마리의 양으로 변했다.

❸ 원문의 상유(桑楡)는 저녁 해가 서쪽으로 기울어져 뽕나무와 느릅나무 가지 위에 걸려 있다는 뜻이다. 곧 인생의 만년(晩年)을 비유적으로 이르는 말이다. 양식은 '마음의 양식'을 말하는 것일 듯하다.

진주목사 김홍이 급박하게 떠나면서 다른 사람들도 많이 돌아갔습니다. 다만 기생 봉월, 옹대, 강아지, 귀천은 남도록 했습니다. 피리 부는 천수도 남도록 했습니다.

이날은 종일토록 큰비가 그치지 않았습니다. 어두컴컴한 구름이 사방을 채우고 있었습니다. 산 밖 인간 세상에서 보면 몇 겹의 비와 구름이 이곳을 막고 있는 것인지 알 수 없었을 것입니다. 이는 마치 여러 단계를 거쳐야 하는 관아의 공안(公案)❸과도 같았을 듯합니다.❸

❸ 공안(公案)은 관아에서 쓰는 공문서를 말하는데 여러 단계를 거쳐야 하므로 처리 속도도 느리고 결과 또한 처음과는 다른 경우가 많다.

❸ 『심경부주(心經附註)』「구방심재명(求放心齋銘 : 놓아버린 마음을 찾기 위한 경계의 말)」장에 다음과 같은 주희의 말이 나온다. "정자의 제자들을 통해서 정자를 공부하고 정자를 통해서 성인을 공부한다면 도대체 몇 겹의 공안으로 막혀 있다는 것인가?—(因諸公 以求程氏 因程氏 以求聖人 是隔幾重公案)" 여기서 몇 겹의 공안으로 막혀 있다는 것은 자신의 식견으로 자신이 직접 진리를 찾지 못하는 일에 대한 안타까움을 표현한 것이다. 격기중(隔幾重)은 격기중공안(隔幾重公案)을 줄인 말이라고 보고 풀이한 것이다.

시간이 정오에 이르자 역참의 관리가 호남으로부터 종사관의 편지를 가지고 왔습니다. 그 내용은 봉수대를 통해 알렸던 것이 잘못되었다는 것이었습니다. 어란포와 달량포에 정박한 배는 왜선이 아니라 곡식을 실은 우리 조운선(漕運船) 두서너 척이라고 했습니다.

그렇다면 이는 더욱 안타까운 일이 아닐 수 없었습니다. 김홍의 골상(骨相)❼은 지리산과는 연분이 없었던 것입니다. "신선놀음에 도낏자루 썩는 줄 모른다"는 말은 흔히 세월의 덧없음을 나타내는 비유로 쓰입니다. 이 말은 위진시대(魏晉時代)❽서진(西晉)❾의 한 나무꾼이 바둑을 두고 노래를 부르는 신선들의 모습을 구경하다 보니 도낏자루가 썩어 있었다는 이야기에서 나왔습니다.❿ 그러나 이 말이 어떻게 세월의 덧없음만을 말하는 것이겠습니까? 이 말은 오히려 산에 올랐다가 문득 깨달음을 얻었던 한 나무꾼의 이야기라 할 만합니다. 그런데 김홍은 잠시 시간을 얻어, 우리와 함께 도낏자루를 들 기회조차 허락받지 못했던 것입니다.

❼ 골상(骨相)은 타고난 얼굴뼈의 생김새를 말한다. 관상학에서는 이 얼굴뼈의 생김새가 길흉화복(吉凶禍福)의 운을 좌우한다고 믿는다.

❽ 위진시대(魏晉時代) 220—316 : 조조의 위(魏)나라, 유비의 촉(蜀)나라, 손권의 오(吳)나라가 대립한 삼국시대와 서진(西晉)이 중국을 통일했던 시기를 합쳐 위진시대라 한다. 후한(後漢)이 멸망하고 동진(東晉)이 등장하기 이전까지이다.

❾ 서진(西晉) 265—316 : 위촉오(魏蜀吳)의 삼국시대를 끝내고(280년) 중국을 지배한 왕조이다. 위나라 관료 출신 사마염(司馬炎) 진무제(晉武帝)가 265년 건국했다. 콩과 보리도 구분하지 못하는 2대 황제의 즉위 이후 멸망했다.

❿ 이 이야기는 남북조시대 임방(任昉)이 쓴 『술이기(述異記)』에 나온다. — 서진의 나무꾼 왕질(王質)은 땔감을 구하기 위해 석실산(石室山)이라는 산에 들어갔다가 동자(童子) 두서너 명이 바둑을 두며 노래하는 모습을 본다. 동자 중 한 명이 그에게 대추씨를 주므로 이 대추씨를 입에 물고 있었더니 배고픈 것을 잊을 수 있었다. 얼마간 시간이 지난 후 동자가 왕질에게 "네 도낏자루가 이미 다 썩어 버렸다 —(汝斧柯爛矣)"

라고 말한다. 이에 왕질이 자신의 도끼를 살펴보니 과연 도낏자루는 이미 다 썩어 있었다. 그리고 이전에 살던 마을로 돌아가 보니 자신이 이전에 알던 사람은 하나도 남아 있지 않았다.

그래도 김홍은 오히려 무량수불(無量壽佛)**❹**의 계율을 닦은 사람이었습니다. 유람에 쓸 물품을 잔뜩 챙겨서 보내주었습니다. 술과 말린 고기(脯)가 줄줄이 들어와 서로를 바라보았습니다. 전하는 말을 담은 서찰이 잇달아 도착했습니다. 신선들의 음식을 만들 주방**❹**도 갖추어졌습니다. 그리고 진주목 아전 강국년(姜國年)이 이 모든 물품을 챙겨 주었습니다. 끼니와 잠자리를 마련하는 일은 평소에도 쉽지 않지만 집을 떠나 있을 때는 더욱 어렵습니다. 전국시대의 책사 소진(蘇秦)**❹**이 "밥이 옥(玉)보다 비싸고 땔감은 계수나무보다 귀하다"**❹**고 말한 것인 이런 이유에서입니다. 그런데 다행히도 김홍 덕분에 우리 일행은 모두 '옥 끼니'와 '계수나무 잠자리' 걱정에서는 놓여날 수 있었습니다.

❹ 무량수불(無量壽佛) : 서방 극락정토(極樂淨土)에 살면서 중생을 위해 자비를 베푸는 부처이다. 모든 중생(衆生)을 제도(濟度)하겠다는 큰 원을 품었다고 하며, 이 부처를 외우면 죽어서 극락세계(極樂世界)에 간다고 한다. 수명이 무한하다 하여 무량수불이라 한다. 아미타불(阿彌陀佛, Amitabha)의 다른 이름이다.

❹ 육갑행주(六甲行廚)를 풀이한 것이다. 기존의 번역은 대부분 육갑(六甲)을 '놀이 기구의 한 가지'로 풀이한다. 그러나 이번 번역에서는 이 말이 도교의 육갑신(六甲神)을 뜻한다고 본다. 도교에서 육갑신은 둔갑술을 행하는 '남자 신(陽神)'의 이름이다. 행주(行廚)는 이동할 수 있는 부엌을 뜻한다.

❹ 소진(蘇秦)은 전국시대(戰國時代, 기원전403—기원전221)를 대표하는 책사이다. 강대국 진(秦)나라에 대적하기 위해 조(趙)·한(韓)·위(魏)·제(齊)·연(燕)·초(楚)의 여섯 나라가 연합하는 합종책(合縱策)을 제안

해 이를 성사시켰다. 또 다른 책사 장의(張儀)가 내세운 진나라 중심의 연횡책(連衡策)에 막혀 실패했다.

❹ 계옥지루(桂玉之累)를 풀이한 것이다. 계옥(桂玉)은 계수나무 땔감과 옥으로 지은 밥이라는 뜻이다. 생활이 곤란해 최소한의 끼니와 잠자리조차 챙기기 어려울 때 쓰는 말이다. 전국시대의 책사 소진(蘇秦)이 초(楚)나라 왕에게 불만을 토로하며 한 말에서 유래했다. "초나라의 밥은 옥보다도 비싸고 땔감은 계수나무보다 귀합니다. 그런데 지금 신이 옥으로 밥을 짓고 계수나무로 불을 때니 이 또한 어려운 일이 아니겠습니까?一(楚國之食貴于玉 薪貴于桂 今臣食玉炊桂 不亦難乎)"『전국책(戰國策)』「초책(楚策)」편에 이와 같은 내용이 나온다.

이날 이정의 집안 사람인 유생 이응형(李應亨)이 쌍계사로 왔습니다. 저녁이 가까워올 무렵 나의 매형 이공량이 설사를 하더니 끙끙거리고 앓기 시작했습니다. 또 어스름이 깔리기 시작할 때는 이정이 가슴과 배의 통증을 호소했습니다. 먹은 것을 두어 말통(斗)❺이나 토해 냈습니다. 배가 쥐어짜는 듯하다고도 하고 뒤집는 듯하다고도 했습니다.❻ 그 증상이 점점 더 심해졌습니다. 그러더니 나중에는 또 급하게 설사를 했습니다. 콩알만한 크기의 소합원(蘇合元)❼을 먹도록 해도 효과가 없었습니다. 맑고 향기로운 참기름❽을 마시도록 해도 효과가 없었습니다.

❺ 말통은 두(斗)를 풀이한 것이다. 두는 용량 단위이다. 1두는 현재의 단위로 약 6.0리터(세종 때의 양기 제도 기준)이다.

❻ 교장번위(絞腸翻胃)를 풀이한 것이다. 한의학에서 교장(絞腸)은 배와 명치 부위가 찌르듯이 아프고 팽팽하게 부어오르는 증상을 말하고, 번위(翻胃)는 대변이 묽고 먹을 때마다 토하는 증상을 말한다.

❼ 소합원(蘇合元)은 사향(麝香), 주사(朱沙) 따위를 갈아서 만드는, 콩알만한 크기의 환약이다. 위장을 맑게 하고 정신을 상쾌하게 한다.

❽ 원문의 청향유(淸香油)는 곧 참깨를 짜서 만든 참기름을 말한다. 참기름은 입이 마르는 조증(燥症), 변을 통하게 하는 통변(通便), 독을 없애는 해독 등의 효능이 있다. 향유(香油), 청유(淸油)라고도 한다.

예전부터 이정이 가까이 했던 기생 강아지가 그 머리맡에서 이
정을 간호했습니다. 이정은 새벽녘에 이르러서야 비로소 안정
을 되찾았습니다. 이정은 아침에 아무 일도 없었다는 듯 일어났
습니다. 그리고 머리를 들고 이렇게 말했습니다. "지난밤에는
가슴 통증이 너무 심해서 도저히 이겨낼 수 없었습니다. 마치
죽을 것만 같았습니다. 그러나 내가 비록 죽더라도 그대들이 지
켜보는 가운데 죽을 것이니 그리 암담하지만은 않았습니다. 내
가 어찌 여인네의 손에서 죽을 수 있었겠습니까?"

이에 여러 사람들이 이정을 위로하며 이렇게 말했습니다. "그
대는 '겁(劫)의 사나이'❹입니다. 장생(長生)을 탐하는 생각은 항
상 중요한 것입니다. 이런 까닭에 사람들은 잠시 작은 질병에
걸렸을 때조차 문득 생명을 잃기라도 할 것처럼 목숨을 아낍니
다. 그러나 죽고 사는 일은 또한 어마어마한 일입니다. 어찌 이
와 같이 하찮은 질병 때문에 잘못되겠습니까?" 송나라 문인 구
양수(歐陽脩)❺는 "자연의 방법을 가지고 자연의 생명을 기른
다"❺는 말을 한 적이 있습니다. 이것이야말로 스스로를 해치지
않고 하늘의 수명을 다 누리는 길일 것입니다.

❹ 겁한(劫漢)을 풀이한 것이다. 겁(劫)은 인간 세상의 연월일로는 헤아릴
   수 없는 아득한 시간을 말한다. 흔히 하늘과 땅이 한번 생겼다가 없어질
   때까지의 한없는 시간을 겁(劫)이라고 한다. 기존의『유두류록』번역은
   대부분 이 겁한을 '겁(怯)쟁이'로 풀이한다.
❺ 구양수(歐陽脩) 1007—1072 : 송나라 때의 문인이다. 당송팔대가(唐宋
   八大家)의 한 사람이다. 송나라 초기의 미문조(美文調) 시문체를 개혁
   하고, 당나라의 한유를 모범으로 하는 시문을 지었다. 서예에도 조예가
   깊었으며 바둑을 잘 두었다. 관료로서 한림원학사(翰林院學士), 참지
   정사(參知政事) 등을 거쳐 태자소사(太子少師)를 지냈다. 인종(仁宗)과
   영종(英宗) 때 범중엄(范仲淹)을 중심으로 한 개혁파의 일원으로 참여

했다. 부패하고 무능한 관료 사회를 일신하는데 힘을 기울였다. 자는 영숙(永叔), 호는 취옹(醉翁)이다.

51 『구양수집(歐陽脩集)』「도교의 '황정경'을 바로잡는 글(刪正黃庭經序)」에 다음과 같은 내용이 나온다. "오직 스스로 해치고 망가뜨리지 않아서 각자 그 하늘의 수명을 다 누린 것은 이 두 분(우 임금, 안연)의 공통점이다. 이것이 이른바 자연의 방법을 가지고 자연의 생명을 기른다는 것이다.─(惟不自戕賊而各盡其天年 則二人之所同也 此所謂以自然之道 養自然之生)"

四

十八(日)

因山路濕
未得上佛日
溪水漲
未得入神凝
留在

湖南巡邊使南致勤
致酒食於寅叔
爲從事之父也
河進士宗岳奴青龍
丁舍人季晦奴
俱以酒鱗來謁
神凝持任允誼來見

舍弟所騎馬病
蝶川外
有人塵其名者

付以調養
夕與愚翁
共宿後殿之西方丈

十九(日)

促食
將入青鶴洞
寅叔剛而
俱以疾退
固知
十分絶境
非有十分眞訣
神明不受
寅叔剛而
曾昔一入來者
乃是夢也
非眞到也
若比泓之
則雖有間矣
亦是無後分事也

老夫憶
曾三度入來
俗緣猶未盡除

方知
八十衰翁無職秩
憶曾三度鳳池來者
則猶不讓矣
若比
三入岳陽人不識者
則未也

是朝
金君涇辭以疾
挾妓賫千徑去
金君時年七十七
登陟如飛
初欲上天王峯
爲人偶儻
有若
曾到梨園裡來者

湖南四君
白李兩生同行

北上猺巖
緣木登棧而進
右釋打腰鼓
千守吹長笛

二妓隨焉
作前隊
諸君或先或後
魚貫而進
作中隊
姜國年膳夫僕夫
運饋者數十人
作後隊
僧愼旭向道而去

間有一巨石
刻有李彦憬洪淵字
猺岩亦有刻
柿隱兄弟字
意者
鑱諸不朽
傳之億萬年乎

大丈夫名字
當如青天白日
太史書諸冊
廣土銘諸口
區區入石
於林莽之間
猺狸之居

求欲不朽
邈不如飛鳥之影
後世果烏知
何如鳥耶
杜預之傳
非以沈碑之故
唯有一段事業也

十步一休
十步九顧
始到所謂佛日菴者
乃是青鶴洞也

岩巒若懸空
而下不可俯視
東有崒崒撐突
略不相讓者曰
香爐峯
西有蒼崖削出
壁立萬仞者曰
毗盧峯
青鶴兩三
棲其岩隙
有時飛出盤回
上天而下

下有鶴淵
黝暗無底
左右上下絶壁環匝
層層又層
倏回倏合
翳薈蒙鬱
魚鳥亦不得往來
不啻弱水千里也

風雷交鬪
地闔天開不晝不夜
便不分水石
不知
其中隱有仙儔巨靈
長蛟短龜
屈藏其宅
萬古呵護
而使人不得近也

或有好事者
斷木爲橋
僅入初面
刮摸苔石
則有三仙洞三字
亦不知何年代也

愚翁與舍弟
及元生諸子
緣木而下
徘徊俯瞰而上
年少傑脚者
皆登香爐峯
還聚佛日方丈
喫水飯
出坐寺門外松樹下
亂酌無籌
幷奏歌吹
雷皷萬面
響裂岩巒

東面瀑下
飛出百仞注爲鶴潭
顧謂愚翁曰
如水臨萬仞之壑
要下卽下
更無疑顧之在前
此其是也
翁曰諾

神氣颯爽
不可久留

旋登後崗
歷探地藏菴
牧丹盛開
一朵如一斗猩紅
從此直下
一趨數里
方得一憩
纔熟羊胛
便到雙磎
初登上面
一步更難一步
及趨下面
徒自擧足
而身自流下
豈非從善如登
從惡如崩者乎

寅叔剛而
登八詠樓以迎
夕與寅叔愚翁
更宿後殿之東方丈

청학동

콸콸 살아 있는

十 八 日

비가 내려 쌍계사에 머무르다

산길이 진창으로 변해 있었습니다. 불일암(佛日庵) 쪽으로는 올라갈 수 없었습니다. 냇물이 크게 불어나 있어 신응동 쪽으로도 들어갈 수 없었습니다. 이에 쌍계사에 그대로 머물렀습니다.

호남순변사 남치근(南致勤)❶이 이공량 앞으로 술과 음식을 보내 왔습니다. 호남순변사 남치근은 이때 종사관 이준민의 보좌를 받고 있었습니다. 그래서 이준민의 아버지인 이공량이 지리산에 왔다는 소식을 듣고 성의를 표했던 것입니다. 진사 하종악(河宗岳)❷의 노비 청룡(靑龍)이 술과 생선을 가져 왔습니다. 하종악은 내 형님의 사위로 진주목 수곡(水谷)에 사는 사람입니다. 의정부사인(議政府舍人)❸을 지낸 정황(丁熿)❹ 또한 노비를 통해 술과 생선을 보내왔습니다. 정황은 조정에서 바른 말을 하다가 지금은 거제도에 유배와 있는 선비입니다.

❶ 남치근(南致勤) ?—1570 : 중종, 명종 때의 장수(將帥)이다. 뛰어난 무예와 지략을 갖추고 있었다. 1528년 무과에 장원으로 합격했고, 함경도 병마절도사, 동지중추부사(同知中樞府事) 등을 지냈다. 1555년 달량포왜변 때 공을 세우는 등 전라도와 제주도에 출몰한 왜구를 여러 차례 토벌했다. 1558년 왜군이 침입할 것이라는 풍문이 돌자 호남순변사로서 전라도 해안 일대를 돌며 방위 태세를 살폈다. 이후 경기도, 황해도, 평안도의 삼도토포사(三道討捕使)를 지내면서 임꺽정을 잡아 처형했다. 자는 근지(勤之)이다. 본관은 의령(宜寧)이다.

❷ 하종악(河宗岳) : 진사이다. 조식의 형 조납(曺拉)의 사위였으므로 곧 조식의 질서(姪壻, 조카사위)였다. 진주목 수곡(水谷)에 살았다. 자는 군려(君礪), 본관은 진양(晋陽)이다.

❸ 의정부사인(議政府舍人)은 의정부의 실무를 총괄하는 정사품 관직이다. 중요한 국정 사안이 있을 때, 왕의 뜻을 삼정승에게 전달하고 삼정승의 의견을 모아 왕에게 아뢰는 역할을 담당한다.

❹ 정황(丁熿) 1512—1560 : 중종 때의 문신 관료이다. 1536년 문과에 합격한 후 승정원정자(承政院正字), 예조좌랑, 사간원정언, 사헌부지평(司憲府持平), 병조정랑, 의정부사인(議政府舍人) 등을 지냈다. 1545년 을사사화 때 삭탈관직을 당했고 1547년 양재역벽서사건 때 유배되었다. 1560년 유배지인 거제도에서 죽었다. 어린 시절 조광조(趙光祖)를 만난 일이 있다. 거제도에 유배와 있을 때 김인후, 이황, 조식 등과 교유했다. 1553년 문정왕후를 비판하는 상소문을 준비했으나 조식의 만류로 올리지 못했다. 본관은 창원(昌原)이다. 자는 계회(季晦), 호는 유헌(游軒)이다.

신응사(神凝寺) 지음승(持音僧)❺ 윤의(允誼)가 찾아와 우리의 유람에 대해 묻고 갔습니다. 내 동생 조환(曺桓)이 타고 온 말이 병이 났습니다. '접천(蝶川)' 밖에 '진(塵)'이라는 이름을 가진 양마인(養馬人)❻이 있었습니다. 이 사람에게 말을 보내 그 병을 다스리도록 했습니다. 밤에는 이희안과 함께 금당 옆의 '서쪽 방장실(西方丈)'❼에서 잤습니다.

❺ 지음승(持音僧)은 조선 전기에 존재했던 승직(僧職)으로 사찰의 관리와 운영을 담당한다. 직위는 주지승의 아래이다. 지임승(持任僧)이라고도 한다.

❻ 양마인(養馬人)은 말을 담당하는 사복시(司僕寺)의 하급 관원이다. 직접 말을 기르고 말의 건강 상태를 관리한다. 쌍계사 부근의 양마인이라면 사복시의 관원은 아니지만 이와 비슷한 역할을 맡고 있는 사람을 가리키는 것으로 보인다.

❼ 방장실(方丈室)은 절의 주지승이 묵는 방을 말한다. 방의 가로와 세로를 합한 길이가 1장(丈)이라는 데서 이와 같은 이름이 나왔다. 당(唐)나라 때 왕현책(王玄策)이 인도에 갔다가 유마힐(維摩詰)의 석실을 측정했는데, 그 가로와 세로 길이가 1장이었다. 이에 그 석실을 방장실(方丈室)이라고 불렀다. 1장은 10자이고 1자는 황종척을 기준으로 34.7cm이다. 곧 유마힐의 방장실은 대략 3㎡(0.9평) 넓이였을 듯하다.

⑩ ⑨ ㊐
청학동에 올라 불일폭포를 보다

서둘러 아침을 먹었습니다. 막 청학동으로 들어가고자 할 때였습니다. 이공량과 이정이 몸이 아파 함께 갈 수 없다고 말했습니다.

진실로 알 수 있습니다. 속세와 완전하게 단절된 땅은 진정한 인연이 아니라면 천지신명(天地神明)이 받아들여주지 않습니다. '진정한 비결(眞訣)'을 터득하지 않는다면 이 땅으로는 조금도 다가갈 수 없습니다.❽ 이공량과 이정은 예전에 한번 청학동에 들어가 보았던 일이 있었습니다. 그러나 이것은 아직 꿈처럼 흐리멍덩한 것이었을 뿐, '진정으로 이르렀다(眞到)'고 할 수는 없는 것입니다.❾ 이를 김홍이 애당초 돌아가야 했던 일과 비교해 보면 그래도 그 사이 어딘가는 가 봤다고 하겠으나, 그러나 이는 또한 나중에 일어난 일일 뿐 김홍의 일과 별반 차이가 없습니다.

❽ 진결(眞訣)은 어떤 분야에 전해져 내려오는 진정한 비결, 참된 도리를 말한다. 이 대목에서 조식은 지경(持敬)을 통해 자신을 닦는 유학의 비결과 자기 수련(修練)을 통해 신선에 이르는 도가의 비결을 겹쳐서 말하는 것으로 보인다.

❾ 내시몽야(乃是夢也) 비진도야(非眞到也)를 풀이한 것이다. 기존의 번역은 대부분 이 구절을 "(이공량과 이정이 청학동에 들어 왔던 일은) 꿈속에서였지 실제로 왔던 것은 아니다"라는 뜻으로 풀이한다. 그러나 이공량과 이정이 청학동에 왔던 일에 대해 조식이 '실제로는 오지 않았다'고 말할 수는 없다. 이 구절은 청학동에 들어간 실제 사실에 대한 말이 아니다. 이번 번역에서는 이 구절을 '진정한 깨달음을 얻는 일'에 대한 비유로 본다.

나는 기억하고 있습니다. 나는 일찍이 세 번 청학동에 들어갔던 일이 있습니다. 그러나 속세의 인연을 아직 깨끗하게 없애버리지는 못했습니다. 그렇긴 하지만 나는 알고 있습니다. 나는 또한 재상(宰相)의 자리를 준다 해도 내가 청학동에 들어갔던 일과는 바꾸지 않을 것입니다. 장사손(張士遜)❿은 송나라 때 세 번이나 재상을 지냈던 사람입니다. 나이 여든에는 벼슬에서 물러나 관직이 없었습니다. 그런데 성문의 문지기들이 유람을 다녀오는 그를 알아보지 못하고 관직을 물었습니다. 이에 장사손은 "일찍이 재상의 자리에 세 번이나 올랐다"며 옛일을 돌이켜 봅니다.⓫ 그렇다면 세 번이나 재상의 자리에 올랐던 일이라도 무슨 소용이 있겠습니까? 세 번이나 올랐던 일은 중요하지 않습니다. 이것이 내가 재상의 자리라 하더라도 청학동을 양보하지 않겠다고 말하는 이유입니다.

❿ 장사손(張士遜) 964—1049 : 송나라 인종 때의 관료이자 시인이다. 세 번 동중서문하평장사(同中書門下平章事)를 지낸 인물이다. 동중서문하평장사는 황제를 보좌하여 정사를 총괄하는 재상이다. 77세에 황제의 스승인 태부(太傅), 등국공(鄧國公)으로 벼슬에서 물러났다. 스스로

호를 퇴부(退傅)라 했다. 자는 순지(順之)이다.

⓫ 송나라 때 재상을 지낸 장사손이 벼슬에서 물러난 후 성밖으로 다녀올 때, 성문을 지키던 문지기들이 그를 알아보지 못하고 관직을 묻는다. 이에 장사손은 다음과 같은 시를 지어 자신의 처지를 한탄한다. "성 밖 영소(靈沼)에서 한가롭게 봄을 즐기고 돌아오는 길. 관문의 문지기들은 어찌하여 심술을 부릴까? 여든 살 늙은이가 지금 비록 관직은 없지만, 일찍이 세 번이나 재상의 자리에 올랐는데.―(閑游靈沼送春回 關吏何須苦見猜 八十衰翁無品秩 昔曾三到鳳池來)" 송나라 승려 문형(文瑩)의 『상산야록(湘山野錄)』에 나온다. 이 시에서 봉지(鳳池)는 대궐에 있는 연못으로 여기서는 재상의 자리를 말한다.

그러나 당나라 때의 신선 여암(呂巖)⓬이 들어갔던 악양(岳陽)의 하늘이라면 바꿀 것입니다. 여암은 "세 번 악양 땅에 들어갔으나 사람들은 나를 알지 못한다"고 읊었고 또 "낭랑하게 시를 읽으며 동정호 위를 날아 지나간다"고 읊었습니다.⓭ 그리고 하늘에서 스스로를 감추는 천둔검법(天遁劍法)을 깨우쳐 세상을 돌아다니며 고통받는 백성들을 구했습니다. 여암과 비교한다면 나는 아직 크게 미치지 못했습니다.

⓬ 여암(呂巖) 798― : 당나라 때의 신선이다. 도교의 팔선(八仙) 중 한 사람으로 전해진다. 교룡(蛟龍)을 죽이는 천둔검법(天遁劍法)을 깨우쳐, 천하를 두루 돌아다니면서 세상 사람들을 구제하는 데 힘을 기울였다고 한다. 자는 동빈(洞賓), 호는 순양자(純陽子)이다.

⓭ 여암이 지은 「여동빈이 악양루에서(洞賓遊岳陽)」에 다음과 같은 구절이 나온다. "아침에는 북해에서 놀다가 저녁에는 천리 밖 창오산으로 간다. 소매 안에 청사검(靑蛇劍)을 넣어 두었고 내 담력은 거리낌이 없다. 세 번 악양루에 들어왔으나 사람들은 나를 알지 못한다. 낭랑하게 시를 읽으며 동정호 위를 날아 지나간다.―(朝遊北海暮蒼梧 袖裏靑蛇膽氣麤 三入岳陽人不識 朗吟飛過洞庭湖)" 『사문유취전집(事文類聚前集)』에 나온다. 이 시에서의 동정호와 악양루는 중국 호남성(湖南省)의 동정호와 악양루를 말한다.

이날 아침에는 또 김홍의 형 김경이 청학동에 들어가는 일을 사양했습니다. 몸이 아프다며 기생 귀천을 데리고 떠났습니다. 김경은 이때 나이가 일흔일곱 살이었는데 오르막길에서도 날아갈 듯 걸었습니다. 처음에는 천왕봉(天王峯)에 오르고자 하는 의욕을 보여주기까지 했습니다. 그 뜻이 크고 기상이 꿋꿋했습니다. 마치 광대 노릇을 가르치는 이원(梨園)❶에서 재주넘기를 배워 오기라도 한 것 같았습니다. 그런데 이날은 그 의욕을 잃었는지 산행을 포기하고 돌아갔던 것입니다. 그러나 젊은 유생들은 활기차게 따라 나섰습니다. 우리보다 앞서 쌍계사에 와 있던 호남 유생 네 사람이 함께 출발했습니다. 중간에 우리 일행으로 합류한 유생 백유량과 이응형도 동행했습니다.

❶ 이원(梨園)은 당나라 현종 때 악공, 기생, 광대를 가르치던 곳이다. 이후 음악, 노래 등을 교습하는 곳을 이원이라고 불렀다.

원숭이 바위를 향해 북쪽으로 올라갔습니다. 나뭇가지에 매달렸습니다. 험한 벼랑에 선반처럼 달아낸 잔도(棧道)를 타고 올라갔습니다. 뇌룡사에서부터 데려 온 원우석과 피리 부는 천수와 기생 둘이 선두 대열을 이루었습니다. 원우석은 허리에 찬 북을 쳤고 천수는 긴 피리를 불었습니다. 그리고 여러 사람들이 앞서거니 뒤서거니 그 중간 대열을 이루었습니다. 중간 대열은 긴 꼬챙이에 꿰어 놓은 물고기 꾸러미와도 같이 차례차례❶ 앞으로 나아갔습니다. 진주목 아전 강국년이 음식을 운반하는 요리사, 종복, 짐꾼 수십 명과 함께 후미 대열을 이루었습니다. 쌍계사의 승려 신욱이 앞에서 길을 이끌어 주었습니다.

⓯ 『주역(周易)』「박괘(剝卦)」의 괘상은 하나의 양효(—) 아래 다섯 개의 음효(--)가 자리잡은 것(☶)이 마치 '꼬챙이에 물고기를 꿰어놓은 것'과도 같다. 송나라 유학자 정이천은 『역전』에서 이에 대해 이렇게 말한다. "다섯 번째 음효는 여러 음효로 하여금 차례를 이루도록 하여 마치 물고기를 꿰어놓은 것 같이 할 수 있다. 하지만 도리어 맨 위의 양효에게 총애를 얻기를 궁인들처럼 한다면 이롭지 않음이 없다.—(五能使群陰順序 如貫魚然 反獲寵愛於在上之陽 如宮人 則無所不利也)"

중간에 큰 바위가 하나 있었습니다. '이언경홍연(李彦憬洪淵)'이라는 글자가 새겨져 있었습니다. 이언경(李彦憬)과 홍연(洪淵)이라는 두 사람을 말하는 것인지, 자가 언경(彦憬)인 이홍연(李洪淵)이라는 사람을 말하는 것인지 알 수 없었습니다. 원숭이 바위에는 '시은형제(柿隱兄弟)'라는 글자가 새겨져 있었습니다. 또한 어느 곳에 사는 형제인지 알 수 없었습니다. 이들은 썩지 않는 바위에 각자(刻字)를 새겨 자신들의 이름이 억만 년 동안 전해지기를 원했을 것입니다.

그러나 대장부의 이름은 푸른 하늘의 환한 해와 같습니다. 역사가가 역사책에 기록하고 온 세상 사람들의 입에 오르내리는 것입니다. 원(元)나라 유학자 허형(許衡)⓰은 이런 말을 했습니다. "이윤(伊尹)의 뜻을 자신의 뜻으로 삼고 안연(顔淵)⓱의 학문을 자신의 학문으로 삼는다. 벼슬에 나아가면 백성을 위해 이루는 것이 있고 물러나 은거하면 자신의 지조를 지키는 것이 있다. 장부는 마땅히 이와 같아야 한다."⓲ 그렇습니다. 이윤은 은(殷)나라의 기틀을 세운 명재상으로 역사에 이름을 남겼고, 안연은 가난함을 편안히 여기며 학문을 닦았던 현자로서 사람들의 입에 오르내렸습니다.

❶ 허형(許衡) 1209—1281 : 원나라 때의 유학자이다. 원나라 국자학(國子學)의 기반을 닦고, 성리학이 원나라의 주류 학문으로 자리 잡는 데 공헌했다. "소인은 온갖 수단을 동원해 군주를 기만한다"고 말했다. 자는 중평(仲平), 호는 노재(魯齋)이다.

❶ 안연(顏淵) : 공자가 가장 아꼈던 제자였으나 젊은 나이에 요절했다. '아성(亞聖)'으로 일컬어진다. 안회(顏回), 안자(顏子)라고도 부른다. 자는 자연(子淵)이다.

❶ 『성리대전(性理大全)』권50에 이와 같은 구절이 나온다. "一(志伊尹之所志 學顏子之所學 出則有爲 處則有守 丈夫當如此)" 조식은 「송인수가 선물한 '대학'의 책가위 안에(書圭菴所贈大學冊衣下)」에서 이 구절을 인용한다. 그리고 자신이 스물다섯 살 무렵 『성리대전』을 읽다가 이 구절을 접하고는 과거를 위한 공부가 잘못되었음을 깨달았다고 말한다.

그렇다면 얼크러진 덤불 사이의 어느 바위에 이름을 새기는 일은 구구하기만 합니다. 원숭이와 너구리가 사는 이 산중에서 그 이름이 써지 않기를 바라는 일은 우스꽝스럽기만 합니다. 『장자(莊子)』❶에서 '날아가는 새의 그림자'❷를 말하는 것은 날아가는 것은 새일 뿐 새의 그림자는 아니라는 뜻을 말하기 위해서입니다. 새의 그림자만으로 후세 사람들이 어떤 새가 날아간 것인지 과연 어떻게 알겠습니까? 대장부의 이름 또한 이와 같습니다. 바위의 이름만으로 후세 사람들이 그가 어떤 사람이었는지 과연 어떻게 알겠습니까?

❶ 『장자(莊子)』: 장주(莊周)의 사상을 담은 책이다. 장주는 노자(老子)의 사상을 계승하여 인위(人爲)를 버리고 무위(無爲)를 추구했으며 천지만물의 근본 원리를 도(道)라고 보았다. 현재 전해지는 『장자』는 서진(西晉) 때의 곽상(郭象, 252—312)이 주석을 달아 정리한 것으로 「내편(內篇)」7편, 「외편(外篇)」15편, 「잡편(雜篇)」11편으로 이루어져 있다. 기본적으로 유학(儒學)을 반대하는 모습을 보이지만, 후대 유학자들의 사상에 적지 않은 영향을 미쳤다.

❷⓪ 『장자』「천하(天下)」편에 다음과 같은 말이 나온다. "날아가는 새의 그림자는 일찍이 움직였던 적이 없다.—(飛鳥之景 未嘗動也)"

위진시대(魏晉時代)의 장수 두예(杜預)❷①는 자신의 명성을 후세에 길이 전하고 싶었습니다. 그런데 또한 "높은 언덕이 골짜기가 되고 깊은 골짜기가 구릉이 되는"❷② 일이 걱정스러웠습니다. 이에 그는 자신의 공적을 새긴 비석 두 개를 만든 후 하나는 언덕 위에 세우고 다른 하나는 골짜기 아래의 못 속에 세웠습니다. 그러나 두예의 이름이 전해지는 것은 두 개의 비석을 세웠기 때문이 아닙니다. 그의 이름이 전해지는 것은 그가 많은 군공(軍功)을 세웠기 때문입니다. 무엇보다도 『춘추좌씨전(春秋左氏傳)』❷③에 훌륭한 주해를 달았기 때문입니다.

❷① 두예(杜預) 222—284 : 위진시대 서진(西晉)의 장수이자 학자이다. 용병(用兵)을 잘하여 오(吳)나라를 멸망시키는 데 많은 공을 세웠다. 전쟁이 없을 때는 학문에 몰두했는데 박학하고 여러 분야에 정통했다. 특히 『춘추좌씨전』에 뛰어나 스스로 '좌전 공부 성벽(左傳癖)'이 있다고 말할 정도였다. 이로써 후대에도 읽히는 『춘추좌씨경전집해(春秋左氏經傳集解)』를 썼다. 본관은 두릉(杜陵)이다. 자는 원개(元凱)이다.

❷② 『진서(晉書)』「두예열전(杜預列傳)」에 이와 같은 말이 나온다. "—(高岸爲谷 深谷爲陵)"

❷③ 『춘추좌씨전(春秋左氏傳)』은 공자가 편찬한 것으로 전해지는 역사책인 『춘추(春秋)』를 상세하게 풀이한 주해서이다. 노(魯)나라의 좌구명(左丘明)이 주해를 썼다 하여 『좌씨전(左氏傳)』 또는 『좌전(左傳)』이라고도 한다. 기원전722년에서 기원전481년 사이의 중국 역사를 다룬다. 고대 중국인의 사유 방식과 생활 문화를 자세하게 묘사하고 있다.

열 걸음 걷고 한 번 쉬었습니다. 열 걸음 걷고 아홉 번 돌아보았습니다. 비로소 불일암(佛日庵)에 도착했습니다. 이곳은 곧 청학동(靑鶴洞)입니다.

위를 올려다보니 깎아지른 바위 멧부리가 허공에 매달린 듯했습니다. 아래에서는 그 전체적인 형상과 규모를 살펴볼 수 없었습니다. 동쪽으로는 가파르고 험한 산봉우리들이 분기탱천하여 하늘을 찌를 듯 북받쳐 올라 있습니다. 날카로움을 서로 양보할 줄 모르는 것이 곧 향로봉(香爐峯)❷⁴이라 일컫는 곳입니다. 과연 가운데 솟아오른 봉우리는 향로의 뚜껑과도 같고 그 옆으로 솟아올라 있는 것은 향로의 손잡이와도 같습니다. 서쪽으로는 푸른 암벽이 깎아 세운 것처럼 버티고 서 있습니다. 굳세고 씩씩한 모습의 이 일만(一萬) 길 낭떠러지가 곧 비로봉(毗盧峯)❷⁵이라 일컫는 곳입니다.

❷⁴ 조식이 여기서 말하는 향로봉(香爐峯)은 불일암과 상불재를 연결하는 능선의 봉우리들을 가리키는 듯하다. 곧 불일암에서 동쪽으로 약 1km 지점에 자리잡은 해발 891m 봉우리와 불일암에서 동쪽으로 약 700m 지점에 자리잡은 해발 790m 봉우리 등을 함께 일컫는 것으로 보인다. 불일암과 상불재를 연결하는 능선은 흔히 향로봉 능선이라고 한다.

❷⁵ 비로봉(毗盧峯)은 불일암에서 서남서쪽으로 약 200m 지점에 자리잡은 해발 569m 봉우리를 말하는 것으로 보인다. '비로(毗盧)'라는 이름은 곧 불교의 비로자나불(毗盧遮那佛)에서 가져온 것이다. 비로자나불은 광명(光明)의 부처로 빛깔이나 형상이 없는 우주의 본체를 말한다.

이곳 바위틈에는 청학(靑鶴) 두세 마리가 둥지를 틀고 살았다고 합니다. 이 청학은 이따금씩 바위틈에서 나와서는 바람을 타고 빙빙 돌기도 하고 날개를 퍼득이며 하늘 위로 날아올랐다가 내려오기도 했다고 합니다. 앞 시대의 유학자 김일손(金馹孫)❷⁶은 "매년 늦여름이면 푸른 몸과 붉은 정수리에 긴 다리를 가진 새가 향로봉 소나무 위에 모였다"❷⁷는 불일암 승려들의 말을 전한 바 있습니다. 여기서 말하는 새가 바로 청학이었을 것입니다.❷⁸

❷❻ 김일손(金馹孫) 1464—1498 : 성종, 연산군 때의 유학자이다. 김종직에
게서 배웠고 정여창, 남효온, 홍유손, 김굉필 등과 교유했다. 1486년 문
과에 합격한 이후, 승문원권지(承文院權知), 진주교수(晉州敎授)를 지냈
다. 또 성균관전적, 사헌부장령, 사간원정언, 홍문관수찬, 병조좌랑, 이조
좌랑 등 요직을 두루 거쳤다. 1498년 『성종실록』 편찬에 앞서 김종직의
「조의제문(弔義帝文)」을 사초(史草)에 실었다. 무오사화 때 극형을 당
했다. 자는 계운(季雲), 호는 탁영(濯纓)이다. 본관은 김해(金海)이다.

❷❼ 김일손의 「두류기행록(頭流紀行錄)」에 다음과 같이, 불일암 승려의 말
을 전하는 구절이 나온다. "매년 늦여름이면 푸른 몸과 붉은 정수리에
긴 다리를 가진 새가 향로봉 소나무에 모여 앉습니다. 그리고 못에 내려
앉아 물을 마시고는 곧 떠나갑니다. 이 암자에 거처하는 승려들이 여러
번 보았는데 이 새를 청학이라고 합니다.一(每歲季夏 有靑身赤頂長脛
之禽 集香爐峯松樹 飛而下 飮於湫卽去 居僧屢度見之 是靑鶴云也)"

❷❽ 이 단락은 '청학양삼(靑鶴兩三)'에서 '상천이하(上天而下)'까지를 풀이
한 것이다. 기존의 번역은 대부분 이 구절을 현재형으로 옮긴다. 조식이
직접 청학을 보았던 것으로 파악한 것이다. 그러나 정황상 이때에 조식
이 청학을 직접 보았을지는 의문이다. 조식보다 앞서 청학동을 찾았던
유학자 김일손도 청학을 직접 보지는 못했다. 이에 이번 번역에서는 조
식이 읽거나 들은 청학 이야기를 말하는 것으로 풀이한다.

불일폭포 아래에는 청학이 내려와 앉았다는 학연(鶴淵)❷❾이 있
습니다. 학연은 검푸르고 어두컴컴하여 바닥이 보이지 않았습니
다. 상하좌우로 절벽이 둘러싸고 있는데 폭포가 층과 층을 이룬
후에 또 다시 층을 이루며 쏟아져 내립니다. 갑자기 소용돌이치
며 도는가 하면 어느새 다시 하나로 합쳐집니다. 폭포 주변으로
는 풀과 나무가 빽빽하게 우거져 있습니다. 물고기도 헤엄쳐 갈
수 없고 새도 날아갈 수 없습니다. 사람 또한 지나갈 수 없습니
다. 약수(弱手) 일천 리는 백약(百藥)이 자라는 땅을 둘러싸고 있
는 물입니다. 이 물은 기러기 털조차 뜨지 않기 때문에 아무것도
건너갈 수 없습니다.❸❶ 누구도 건너갈 수 없습니다. 그런데 이곳
학연을 보면 갈 수 없는 곳은 약수뿐만이 아님을 알 수 있습니다.

㉙ 불일폭포가 만들어 놓은 못(소, 웅덩이)은 모두 여섯 곳이 있다. 조선시대 유학자들은 이 여섯 곳의 못을 대체로 학연(鶴淵)이라고 불렀다. 청학이 내려와 놀던 못이라는 뜻이다.

㉚ 약수(弱水)는 기러기 털처럼 가벼운 물체도 바로 가라앉기 때문에 사람은 도저히 건너갈 수 없다는 전설 속의 물 이름이다.『해내십주기(海內十洲記)』「봉린주(鳳麟洲)」조에 다음과 같은 내용이 나온다. "봉린주는 서해의 한 가운데 있다. 둘레가 1천500리이고 그 사면을 약수가 에워싸고 있다. 이 약수에서는 기러기털조차 뜨지 않아서 아무것도 건너갈 수 없다.―(鳳麟洲在西海之中央 地方一千五百里 洲四面有弱水繞之 鴻毛不浮 不可越也) 여기서 봉린주는 백약(百藥)이 자라는 신선의 땅이다.

폭포 위의 바람과 폭포 아래의 우레가 요란한 소리로 뒤얽힙니다. 하늘과 땅이 열리다가 닫히는 듯하고 밝지도 않고 깜깜하지도 않습니다. 문득 물과 바위를 구분할 수 없습니다. 알 수 없습니다만 이곳에는 온갖 신선의 무리가 숨어 있는 것이 틀림없습니다. 이 안에는 화산(華山)을 둘로 쪼갰던 거령(巨靈)㉛이 숨어 있을 것입니다. 향로봉 능선과 비로봉 능선이 양쪽으로 갈라진 것은 바로 이 거령의 재주입니다. 꼬리가 긴 교룡(蛟龍)과 등이 짧은 거북 또한 웅크리고 있을 것입니다. 교룡과 거북은 몸을 굽혀 자신의 일부를 서로의 집에 감추어 두었을 것입니다.㉜ 어찌 알겠습니까? 그러나 분명합니다. 이로써 이곳은 사람들이 접근하지 못하도록 했습니다. 이곳이 만고의 세월 동안 콸콸 살아 움직이는㉝ 것은 이런 까닭에서일 것입니다.

㉛ 거령(巨靈)은 전설 상의 신 이름이다. 황하(黃河)의 앞을 가로막고 있던 화산(華山)을 둘로 나누어 태화산(太華山)과 소화산(少華山)으로 만들고 그 사이로 황하가 흐르도록 했다고 한다. 한나라 장형(張衡)의 『서경부(西京賦)』에 다음과 같은 말이 나온다. "거령이 힘을 썼다. 손으로 높이 들고 발로 멀리 찼다. 이로써 황하의 물굽이를 흐르도록 했다.―(巨靈贔屭 高掌遠蹠 以流河曲)"

❸❷ 굴장기택(屈藏其宅)을 풀이한 것이다. 굴장기택은 송나라 유학자 장횡거(張橫渠)가 말하는 호장기택(互藏其宅)과 유사한 의미를 가진 것이다. 장횡거는 『정몽(正蒙)』 「참량(參兩)」에서 이렇게 말한 바 있다. "음과 양은 자신의 씨앗을 서로 상대방의 집안에 간직한다. 이렇게 해서 각각 그 편안한 바를 얻는 것이다. 이런 까닭에 해와 달의 형체는 만고의 세월이 흐르도록 변하지 않는다.―(陰陽之精 互藏其宅 則各得其所安 故日月之形 萬古不變)"

❸❸ 조식은 이러한 표현을 통해, 음과 양이 때에 따라 변화하며 끊임없이 살아 움직이는 변역(變易)의 원리를 말하고자 했을 듯하다.

어떤 호사가(好事家)가 나무를 잘라서 다리를 만들어 놓았습니다. 겨우 그 입구까지 들어가 이끼 낀 바위를 긁어내 보면 '삼선동(三仙洞)'이라는 세 글자가 새겨져 있습니다. 하지만 또한 언제 새겨놓은 것인지는 알 수 없었습니다.

이희안, 내 동생 조환, 유생 원우석, 그리고 몇몇 사람들이 나무를 타고 아래로 내려갔습니다. 이곳저곳 서성거리다가 허리를 숙여 무엇인가를 들여다 본 후에 올라왔습니다. 나이가 젊고 다리가 튼튼한 사람들은 모두 향로봉 쪽으로 올라갔습니다. 얼마 후에 다시 불일암에 모여 '물에 만 밥(水飯)'을 후루룩후루룩 먹었습니다. 식사를 마친 후에는 불일암 밖 소나무 그늘 아래❸❹ 모여 앉았습니다. 그리고 서로 셀 수 없이 술잔을 주고 받았습니다. 노래를 부르고 피리를 불었습니다. 그 소리가 얼마나 큰지 뇌고(雷鼓) 일만 면을 두드리는 듯했습니다.❸❺ 그 메아리 또한 사방의 바위 봉우리를 찢고 돌아왔습니다.

❸❹ 완폭대(翫瀑臺)를 말하는 것으로 보인다. 완폭대는 불일폭포를 완상하기 좋은 바위라는 뜻이다. 불일암 바로 앞에 있다. 조선시대 유학자들에게 이곳은 불일폭포와 청학동 일대의 경관을 조망하기 좋은 장소

로 여겨졌다. 조식의 제자 성여신(成汝信)이 1616년에 쓴 「방장산선유일기(方丈山仙遊日記)」에 "완폭대 소나무 밑에 이르러 줄 지어 앉아 쉬었다 ―(投翫瀑臺松樹下 列坐而休憩焉)"는 구절이 나온다. 완폭대는 문헌상에만 기록이 남아 있었는데, 2018년 5월 불일암 아래에서 '완폭대(翫瀑臺)'라는 각자 바위가 발견되어 그 실제 모습이 확인됐다.

❸❺ 뇌고(雷鼓)는 천신(天神)에게 제사지내는 북으로 북 중에서 가장 크고 우레와 같은 소리가 난다. 여덟 면을 가진 팔면고(八面鼓)이다. "뇌고 일만 면을 두드리는 듯하다"는 것은 그만큼 소리가 크다는 뜻이다.

소나무 그늘 아래에서 동쪽을 바라보면 불일폭포가 아래로 쏟아지는 것을 볼 수 있습니다. 폭포는 백 길 낭떠러지 아래로 떨어져 학담(鶴潭)❸❻으로 흘러들었습니다. 송나라 유학자 장횡거(張橫渠)❸❼는 이렇게 말한 적이 있습니다. "지금 물이 만 길이나 되는 산을 만나더라도 아래로 내려가고자 하면 곧바로 내려간다. 다시 앞길이 막히거나 걸릴 일은 없다. 오직 의리(義理)가 있다는 사실을 알 뿐이니 어찌 다시 피하겠는가?"❸❽ 장횡거는 물이 흘러가는 것을 보고 우리 유학의 도를 굳게 믿었던 것입니다. 나는 이와 같은 장횡거의 말을 조금 바꾸어 이희안에게 말했습니다. "만약 물이 만 길이나 되는 골짜기를 만난다면 무슨 일이 일어나겠습니까? 물은 아래로 내려가는 것이니 곧바로 내려갈 것입니다. 다시 의심하거나 뒤를 돌아 볼 일이 없을 것입니다. 이 학연이 바로 그렇습니다." 이희안은 주저없이 "그렇습니다"라고 대답했습니다. 또한 유학의 도를 굳게 믿는다는 말일 것입니다.

❸❻ 학연(鶴淵)의 못은 모두 여섯 곳이다. 그런데 조선시대 유학자들은 여섯 곳의 못 중 맨 위의 못을 학담(鶴潭)이라 하고 맨 아래의 못을 용추(龍湫)라 하여 구분해 부르기도 했다. 그런데 학연, 학담, 용추라는 말

을 여러 유학자들이 동일한 의미로 사용하는 것은 아닌 듯하다. 조식은 용추에 대해서는 언급하지 않는다.

❸ 장횡거(張橫渠) 1020—1077 : 송나라 때의 유학자 장재(張載)를 말한다. 주돈이, 정명도, 정이천, 주희 등과 함께 송나라 성리학을 창시한 오현(五賢) 중 한 사람이다. 마음이 성(性)과 정(情)을 총괄한다는 심통성정(心統性情) 학설을 주장했다. 또 우주의 본체는 기(氣)라는 사상을 전개했다. 횡거(橫渠)는 호이다. 자는 자후(子厚)이다. 장자(張子)라고도 불린다.

❸ 『근사록집해』 「정사(政事)」편에 이와 같은 장횡거의 말이 나온다. "一(今水臨萬仞之山 要下卽下 無復凝滯之在前 惟知有義理而已 則復何回避)" 장횡거는 이 말 뒤에 또 이렇게 덧붙인다. "이것은 주역 감괘(坎卦)의 모습을 가지고 말한 것이다. 사람이 의리에 있어서 만일 믿기를 독실하게 하고 행하기를 과단하게 하여 물이 아래로 흘러가듯이 한다면 성대하여 막지 못할 것이다. 그렇다면 어디를 간들 마음이 형통하지 않겠는가?一(此以坎象而言 人於義理 苟能信之篤 行之決 如水之就下 則沛然而莫禦 何往而不心亨哉)"

몸과 마음에 산과 물의 기운이 쌓이면서 기분이 상쾌해졌습니다. 그러나 이곳에 마냥 머물러 있을 수는 없었습니다. 곧 불일암 뒤쪽의 산등성이로 올라갔습니다. 꾸불꾸불 돌아서 지장암(地藏庵)을 찾아갔습니다. 목단화(牧丹花)가 활짝 피어 있었습니다. 한 줄기에 피어 있는 것이 말통 하나에 들어갈 만큼 컸습니다. 꽃색은 짙은 다홍색이었습니다. 지장암에서는 곧장 아래로 내려왔습니다. 한번 출발해서는 종종걸음으로 걸어서 두서너 마장 내려온 후에 한번씩 쉬었습니다. 이렇게 해서 금세 쌍계사로 돌아왔습니다. 양고기를 삶기 시작했다면 아마도 '양의 어깨뼈(羊胛)'가 익을 정도의 짧은 시간이었을 것입니다.❸

❸ 재숙양갑(纔熟羊胛)을 풀이한 것이다. 북극과 가까운 골리간(骨利幹) 땅에서는 밤이 짧아서 "해가 질 때 양을 삶기 시작하면 어깨뼈가 익을

때쯤 동쪽이 이미 밝아온다. 一(日入烹羊 胛熟東方已明)” 『신당서(新唐書)』「회흘전(回紇傳)」에 이와 같은 내용이 나온다. 이로부터 시간의 빠름을 나타낼 때 “양의 어깨뼈가 익는다”는 표현을 종종 쓴다. 그러나 양의 어깨뼈는 사실 그렇게 빨리 익지 않는다. 이에 주희는 이것을 ‘양의 지라(羊脾)’라고 본다.

처음 산을 오를 때는 한 걸음을 위로 올려놓으면 다시 한 걸음을 올려놓기가 몹시 힘들었습니다. 그런데 종종걸음으로 내려올 때는 다만 발을 조금 들기만 해도 몸이 저절로 아래로 밀려내려 왔습니다. 『소학(小學)』에서는 산을 오르내리는 일을 선(善)에 비유하여 이렇게 말합니다. “선을 따르는 일은 산을 오르는 것과 같으니, 선을 향해 앞으로 나아가기는 어렵다. 악을 따르는 일은 아래로 무너져 내리는 것과 같으니, 악에 빠지기는 쉽다. 선에 나아가면 곧 우리 유학의 도를 이루어 날마다 높고 밝은 곳으로 달려갈 수 있다. 악에 빠지면 곧 어리석고 못난 사람이 되어 날마다 낮고 더러운 곳으로 추락하고 만다.”❹⓿ 우리는 모두 선한 본성❹❶을 가지고 태어났으니 『소학(小學)』의 이 말은 가슴 깊이 새겨야 할 것입니다. 선을 따르는 일은 산을 오르는 것과 같습니다. 어찌 아니겠습니까? 악에 빠지는 일은 산을 내려오는 것과 같습니다. 어찌 아니겠습니까?

❹⓿ 『소학』「가언(嘉言 : 본받을 말)」편에 이와 같은 말이 나온다. “一(從善如登 善難進也 從惡如崩 惡易陷也 進於善 則爲聖爲賢 而日趨於高明 陷於惡 則爲愚爲不肖 而日淪於汚下矣)” 여기서 위성위현(爲聖爲賢)을 축자역으로 풀이하면 “성인이 되고 현인이 된다”는 뜻이다. 이는 곧 유학의 이념을 이룬다는 말이다.

❹❶ 사람은 누구나 완전한 도덕성을 타고 났다는 말이다. 『맹자』에서 말하는 ‘차마하지 못하는 마음(不忍人之心)’과 같은 것이 이것이다. 이것은 어질고 포용력있는, 다른 사람의 고통을 그대로 보아 넘기지 못하는 마

음이다. 이처럼 사람은 누구나 훌륭한 본성을 타고 났다는 생각은 유학의 기획 중 가장 핵심적인 부분이다. 조식의 「원천부(原泉賦)」에 다음과 같은 말이 나온다. "온갖 이치가 성(性)이라는 뿌리에 갖추어져 있다. 덩어리로 뭉쳐 나와 생기발랄하게 약동한다. (萬理具於性本 混潑潑而活活)"

쌍계사에 머물러 있던 이공량과 이정이 진감선사비 앞의 팔영루에 올라와 있다가 우리를 맞이해 주었습니다. 이날 밤에는 이공량, 이희안과 함께 금당 옆의 '동쪽 방장실(東方丈)'에서 묵었습니다.

五

二十日

入神凝寺
寺在雙磎十里許
間有殘店數家
到寺門前百步許
七佛溪上下馬列坐
溪水險隘
皆卸馬背負而渡
住持玉崙
持任允誼來迎

到寺未暇入門
徑趨前溪盤石
列坐其上
獨推坐寅叔剛而
於最高石頭曰
君等雖至於顛沛
毋失此地
若置身下流
則不得上矣
笑曰
請毋失此坐

新雨水肥
激石潰碎
或似萬斛明珠
競瀉吐納
或似千閃驚雷
沓作噫吼

怳如銀河橫截
衆星零落
更訝瑤池燕罷
綺席縱橫
黝黝成潭
龍蛇之隱鱗者
深不可窺也
頭頭出石
牛馬之露形者
錯不可數也
瞿塘峽口
方可以喻
其變化出沒

真是化工老手
戲劇無藏處也

相與睚盱裸魄
欲哦一句
不得一響
歌吹眾聲僅如
大瓮中細腰之鳴
不能成聲
祇爲溪神之玩而已

寺僧爲具酒果盤盞
以勞之
吾亦以行中酒果
交酬秩酢
據石蹈舞盡歡而罷
植強吟一絕
水吐伊祈璧
山濃青帝顔
謙誇無已甚
聊與對君看

夕宿西僧堂
夜臥默誦
又以警人曰

入名山者
誰不洗濯其心
肯自謂曰小人乎
畢竟君子爲君子
小人爲小人
可見一曝之無益也

㋛㋖㊀㊐
——
大雨
彌日不已
金思誠忽辭去
冒雨強出
白生惟良同出
三妓與樂工
幷令偕出
等與湖南諸君
盡日坐沙門樓
觀漲

㋛㋖㋑㊐
——
朝雨暮晴
溪水沒石
內外不通

有似白登之圍
人口無慮四十餘
恐粮地乏空
勘會槀藏
減饋平日之半
唯酒無量
或餘數十壺
諸君皆不喜飲故也

聞有
湖南士人奇大升輩
十一人亦阻雨
登上峯未下云

雙磎神凝兩寺
皆在頭流心腹
碧嶺挿天
白雲鎖門
疑若人煙罕到
而猶不廢公家之役
嬴糧聚徒
去來相續
皆至散去
寺僧乞簡於州牧
以舒一分

等憐其無告
裁簡與之

山僧如此
村氓可知矣
政煩賦重
民卒流亡
父子不相保
朝家方是軫念
而吾輩自在背處
優游暇豫
豈是眞樂耶

寅叔請題硯袱一句
植寫曰
高浪雷霆鬪
神峯日月磨
高談與神宇
所得果如何
剛而繼寫
溪湧千層雪
林開萬丈青
汪洋神用活
卓立儼儀刑

五

가장 아름답게, 격렬하게,

신응동으로 들어가 마음을 씻다

신응사(神凝寺)❶❷로 들어갔습니다. 이 절은 쌍계사에서 북쪽으로 십 리 쯤 떨어진 곳에 있습니다. 이곳으로 가는 길에 허름한 객점(客店) 두어 곳을 지났습니다. 신응사가 있는 신응동에 도착했을 때 다시 두 갈래의 물줄기를 만났습니다. 서쪽은 칠불사(七佛寺)❸ 쪽에서 흘러오는 물줄기❹이고 동쪽은 의신동에서 흘러오는 물줄기입니다. 신응사로부터 일백 걸음(步) 쯤 떨어진 곳에서 칠불사 쪽 물줄기를 건너야 했습니다. 이에 말에서 내린 후 줄지어 앉아 잠시 쉬었습니다. 물살이 제법 세차고 험했습니다. 말의 마구(馬具)와 짐을 모두 내렸습니다. 그리고 이것들을 등에 지고 물을 건넜습니다.❺ 신응사 주지승 옥륜(玉崙)과 지음승 윤의가 절 문 밖까지 나와 우리를 맞이해 주었습니다.

❶ 신응사(神凝寺)는 하동군 화개면 범왕리 신흥마을, 왕성분교 자리에 있었던 절이다. 조식의 시대에는 쌍계사 못지않은 큰 절이었다. 당시의 유

학자들은 이 일대를 지리산에서 경관이 가장 아름다운 곳으로 생각했다. 암굴에 통일신라 때의 철불(鐵佛)이 있었다고 한다.

❷ 신응사(神凝寺)는 사실 신흥사(神興寺)이다. 휴정(休淨, 서산대사)은 1564년에 쓴 글에서 이곳을 신흥사라고 했다. 1558년 조식과 함께 이 곳을 찾았던 이정 또한 신흥사라고 했다. 1170년 무렵 고려의 이인로 가 쓴 「청학동기(靑鶴洞記)」, 1489년 김일손이 쓴 「두류기행록(頭流 紀行錄)」, 1530년에 완성된 『신증동국여지승람』등에도 신흥사(神興 寺)로 나온다. 자연스럽게 이곳 동천은 신흥동(神興洞)으로 일컬어졌 고 지금도 신흥마을로 불린다. 다만 조식의 제자인 성여신은 1616년의 「방장산선유일기(方丈山仙遊日記)」에서 신응사(神凝寺)로 쓴다. 이번 번역에서도 신응사로 쓴다.

❸ 칠불사(七佛寺)는 하동군 화개면 범왕리, 지리산 토끼봉 아래의 해발 830m 지점에 자리잡고 있는 절이다. 신라 때 일곱 사람이 성불(成佛) 한 절이라는 전설이 전해진다. (성불한 사람이 누구인지에 대해서는 여 러 가지 다른 설이 있다.) 5일에 한번 불을 때도 식지 않는다는 아자방 (亞字房)이 유명하다. (며칠 동안 식지 않는지에 대해서도 여러 가지 다 른 설이 있다.)

❹ 원문의 칠불계(七佛溪)는 '칠불사 쪽에서 흘러내려온 냇물'이다. 곧 현 재의 범왕천을 말한다. 조식 일행이 물을 건너야 했던 곳은 범왕천이 화개천으로 합류하기 직전인, 현재의 범왕보건진료소 근방일 듯하다.

❺ 사마배부이도(卸馬背負而渡)를 풀이한 것이다. 기존 번역에서는 "말을 풀어놓고 다른 사람의 등에 업혀 냇물을 건넜다"거나 "안장을 내린 후 다시 말에 올라타고 냇물을 건넜다"고 풀이한다. 그러나 이러한 번역은 그리 자연스러워 보이지 않는다. 이 시대의 말은 키가 1미터 가량에 불 과했다. 또 사마(卸馬)는 안장을 비롯한 마구(馬具)와 짐 따위를 내리는 일을 말한다. 이에 이번 번역에서는 마구와 짐 따위를 내린 후 이것을 등에 지고 물을 건넜다는 뜻으로 풀이한다.

신응사 문 앞에 이르렀습니다. 우리는 절로 들어가지 않고 곧장 냇물의 너럭바위 위로 달음박질쳐 올라가 줄지어 앉았습니다. 이공량과 이정에게 자리를 양보하여 너럭바위에서 가장 높은 자리에 앉도록 했습니다. 그리고 이렇게 말했습니다. "비록 엎 어지고 자빠지는 상황❻에 처한다 하더라도 그대들은 이 자리를 잃지 말도록 하십시오. 어물어물하다가 물에 빠지기라도 한다면 다시 올라올 수 없을 것입니다." 그러자 이공량과 이정은 웃으면서 대답했습니다. "청컨대, 빼앗으려고나 하지 마십시오."

❻ 『논어』「이인(里仁)」편에 다음과 같은 말이 나온다. "군자는 식사를 마치는 동안에도 인을 떠나는 일이 없다. 급박한 상황에서도 반드시 인을 행하고 엎어지고 자빠지는 상황에서도 반드시 인을 행한다.—(君子 無終食之間 違仁 造次必於是 顛沛必於是)"

우리는 너럭바위에 둘러 앉아 기이할 정도로 맑은 물을 구경했습니다. 비는 쌍계사 쪽에만 내린 것이 아니었습니다. 신응동의 냇물이 새로 내린 비에 꽤나 불어나 있었습니다. 냇물은 바위에 부딪히며 치솟아 올랐다가 다시 부서져 내렸습니다. 혹은 일만 곡(斛)❼의 아름다운 구슬이 거침없이 쏟아지는 것 같았습니다. 묵은 기운을 내뿜고 새 기운을 들이 마시는❽ 듯도 했습니다. 혹은 일천 번의 격렬한 우레가 거듭하여 일어나는 것 같았습니다. 트림이라도 하는 것처럼 씩씩거렸습니다. 짐승이 으르렁거리는 듯도 했습니다. 씩씩거리고 으르렁거리는 소리가 겹쳐서 났습니다.

❼ 곡(斛)은 용량 단위이다. 곡은 시대에 따라 실제 양이 달랐는데, 세종 때의 양기(量器) 제도를 기준으로 1곡은 15말통(斗)에 해당하는 분량이다. 그리고 이것은 현재의 단위로는 89.5리터이다. 곡(斛)과 거의 같은 단위로 섬(石)이라는 말도 쓰였다.

❽ 토납(吐納)을 풀이한 것이다. 입으로 탁(濁)한 기운을 토해 내고 코로 청신(淸新)한 기운을 들이마시는 것이다. 도가(道家)의 수련법 중 하나이다.

어슴푸레한 모습이, 마치 은하수가 가로로 뻗어 있는데 뭇 별들이 떨어져 내리는 것과도 같았습니다. 서왕모(西王母)가 사는 곤륜산(崑崙山)의 요지(瑤池)❾에서 잔치가 끝난 후 비단 방석이 이리저리 흩어져 있는 것은 아닌가 하는 의심이 들기도 했습니다. 알쏭달쏭한 요지경(瑤池鏡)❿이 이런 것인가 싶었습니다. 갈맷빛⓫의 물고랑은 용과 이무기가 검푸른 비늘을 숨겨 놓은 듯했습니다. 얼마나 아득한지 그 깊이를 알 수 없었습니다. 여기저기 튀어나온 바윗돌은 소와 말이 떼 지어 머리를 드러내는 것과도 같았습니다.⓬ 얼마나 많은지 그 숫자를 헤아릴 수 없었습니다.

❾ 서왕모(西王母)는 전설 속의 선녀이다. 사람 얼굴에 표범 꼬리와 호랑이 이빨을 가진 반인반수의 선녀이며 불사약(不死藥)을 가지고 있다. 음양설에서는 일몰(日沒)의 신이다. 곤륜산(崑崙山)은 서왕모가 사는 곳으로 아름다운 옥이 나온다. 요지(瑤池)는 곤륜산 꼭대기에 있는 매우 아름다운 연못이다. (옥륜(玉崙)이라는 신응사 주지승의 이름은 곧 '옥이 많은 곤륜산'을 뜻한다.)

❿ 요지경(瑤池鏡)이라는 말은 서왕모의 요지에서 유래했다. 알쏭달쏭하고 복잡하여 이해할 수 없는, 만화경과도 같은 일을 뜻한다.

⓫ 갈맷빛은 진초록색이다. 하지만 단일한 하나의 색이 아니라 초록색이나 청색 아래에 검은색이나 갈색이 얼룩덜룩 스며들어 있는 색을 말한다. 아득하면서도 짙다.

⓬ 조식 일행이 다녀간 후 신응사 주지승 옥륜 등은 신응동에 긴 다리를 놓고 누각을 짓는다. 그리고 승려 휴정(休淨, 서산대사)이 1564년에 「두류산 신흥사 능파각에 대한 기록(頭流山神興寺凌波閣記)」을 쓴다. 이 글에 다음과 같은 구절이 나온다. "골짜기 시내에는 돌 소와 돌 양이 누워 있다. 이것들을 채찍질하여 기둥으로 삼고 한 층짜리 긴 다리를 놓았다. 그리고 다리 위에는 다섯 칸짜리 누각을 일으켜 세웠다.一(以澗峽所臥石牛石羊 鞭之爲柱 而架一層長橋 橋之上起五間高閣)"

중국 양자강에는 구당협(瞿塘峽)⓭이라는 이름의 협곡이 있습니다. 이 협곡 어귀에는 큰 바위가 솟아올라 있어, 물살이 성난 말처럼 매우 격렬합니다.⓮ 바야흐로 신응동의 물은 그 변화가 들쭉날쭉한 것이 구당협 정도라야 견줄 수 있는 형편이었습니다. 진실로 이것은 변화를 담당하는 조물주가 노련한 손재주를 한껏 발휘한 것임에 틀림없습니다. 익살스러우면서도 극적인 것이 그 솜씨를 조금도 감추지 않았습니다.

❸ 구당협(瞿塘峽)은 중국 사천성(泗川省)을 흐르는 양자강의 여울이다. 어귀에 염예퇴(灩澦堆)라는 이름의 큰 바위가 있어, 이 주변으로 맹렬한 소용돌이가 일어났다고 한다. 이에 무사히 건너가기가 거의 불가능할 정도로 물길이 험악한 곳으로 유명했다.

❹ 조식은 「민암부(民巖賦)」에서 구당협에 대해 이렇게 묘사한다. "구당협 염예퇴의 물살은 성난 말처럼 빠릅니다. 이에 배를 타고 위로 올라갈 수도 없고 아래로 내려올 수도 없습니다.—(灩澦如馬 不可上也 不可下也)"

우리는 서로를 바라보며 눈을 휘둥그렇게 떴습니다. 마음을 빼앗겨 시 한 구절로 그 놀라움을 읊어보고자 했습니다. 그러나 넋을 잃은 탓에 말은 입 안에서만 맴돌 뿐이었습니다. 하나의 울림을 얻어 입 밖으로 나오지는 못했습니다. 노래하고 피리 부는 소리조차 제대로 낼 수 없었습니다. 뭇 소리는 큰 항아리 속에서 나나니벌이 앵앵거리는 것과 그리 다를 바 없었습니다. 이러한 일들은 그저 계곡의 신이 우리를 놀림거리로 삼았기 때문일 것입니다.

신응사의 승려가 술과 과일을 내어 왔습니다. 그리고 받침 있는 술잔에 술을 따라 건네며 위로하는 말을 해주었습니다. 우리 또한 유람을 위해 가지고 온 술과 과일을 권했습니다. 다들 서로를 바라보며 술잔을 주고받았습니다. 유학자 진력(陳櫟)❺은 "손으로 춤을 추고 발로 뜀뛰는 일은 천리(天理)의 진실한 즐거움이 자신도 모르는 사이에 겉으로 나타나는 것"⑯이라고 말했습니다. 바위 위에 올라 앉아 산과 물을 돌아보니 흥이 절로 일어났습니다. 이에 손으로 춤을 추고 발로 뜀을 뛰면서도 스스로는 이를 알지 못했습니다. 마음껏 즐긴 후 자리를 마무리했습니다.

⑮ 진력(陳櫟) (1252—1334) : 송(宋)나라 말기, 원(元)나라 초기의 유학자이다. 일생 동안 주희의 학설을 연구했으며, 스스로 "주희의 고향에서 태어나 주희의 학문을 배운" 일을 자부했다. 벼슬에 나아가지 않고 은거하며 제자들을 가르쳤다. 살던 집을 정우(定宇)라 하였는데, 배우는 사람들이 '정우선생(定宇先生)'이라 불렀다. 휘주(徽州 : 안휘성) 사람이다. 자는 수옹(壽翁)이다.

⑯ 『근사록집해』 「학문의 일(爲學)」편에 다음과 같은 진력의 말이 나온다. "손으로 춤을 추고 발로 뜀을 뛰는 일은 천리의 진실한 즐거움이 겉으로 나타나는 것이다. 이 즐거움은 움직일 때도 나타나고 멈추어 있을 때도 나타나지만 스스로는 이를 알지 못한다.—(手舞足蹈 天理之眞樂 形見於動容之間 而不自知者也)"

이때 보고 들은 것을 제대로 전할 수는 없습니다. 다만 내가 억지로 읊은 오언시(五言詩) 한 편을 소개합니다. — 계곡의 물보라는 농업 신 신농(神農)⑰의 벽옥(璧玉)⑱인 듯합니다. 짙어가는 산의 빛깔은 봄 신 청제(靑帝)의 얼굴인 듯합니다.⑲ 겸손하면서도 지나치지 않고 뽐내면서도 자처하지 않습니다.⑳ 애오라지 그대들을 마주하여 바라봅니다. — 송나라 유학자 사량좌(謝良佐)㉑는 "무릇 자신을 자랑하고 남에게 뽐내는 자는 모두 말할 만한 것이 없다"㉒고 말했습니다. 그런데 봄의 물과 산은 이와 같지 않았습니다.

⑰ 원문의 이기(伊祈)는 농사의 신이자 의약의 신인 신농(神農)을 말한다. 신농은 처음으로 쟁기를 만들어 밭가는 일을 가르쳤다. 또 매일 70여 가지의 초근목피를 맛보면서 약을 찾았다.

❽ '벽(璧)'은 둥근 고리 모양의 옥을 말한다. 다채로운 무늬가 있다. 주나라(周) 때부터 제기, 보물, 장식품으로 쓰였다.

❾ 청제(靑帝)는 오제(五帝) 중의 하나로 동쪽에 자리하며 봄을 주관하는 청색 신(神)이다. 오행설(五行說)에서 목(木)은 동쪽, 봄, 청색, 인(仁) 등을 상징한다. 동황(東皇), 목제(木帝), 창제(蒼帝)라고도 한다.

❿ 『근사록집해』「정사(政事)」편에 다음과 같은 정자의 말이 나온다. "(주공은) 큰 아름다움을 가지고 있었으나 겸양하면서도 자처하지 않았다.―(有大美 而謙避不居也)" 조식은 스스로 뽐내고 자랑하는 일을 들어 신응사 계곡의 자연과 바깥세상 사람들을 대비시킨다.

⓫ 사량좌(謝良佐) 1050―1103 : 송나라의 유학자이다. 정호(程顥), 정이(程頤) 형제에게서 배웠다. 인(仁)은 생의(生意)이고, 성(誠)은 실리(實理)이며, 경(敬)은 상성성(常惺惺)이라고 주장했다. 조식은 항상 깨어 있는 상태를 유지하기 위해 성성자(惺惺子)라는 이름의 방울을 차고 다녔는데, 이 성성이라는 명칭은 사량좌에게서 온 것이다. 상채(上蔡, 현재의 하남성 소재) 출신으로 상채선생(上蔡先生)으로 불렸다. 자는 현도(顯道)이다.

⓬ 『논어집주(論語集註)』「옹야(雍也)」편에 다음과 같은 사량좌의 말이 나온다. "사람이 남의 위로 가고자 하는 마음을 가지지 않을 수 있다면 사람의 욕심이 날마다 사라져 천리가 날로 밝아질 것이다. 그렇다면 무릇 자신을 자랑하고 남에게 뽐내는 자는 모두 말할 만한 것이 없다.―(人能操無欲上人之心 則人欲日消 天理日明 而凡可以矜己誇人者 皆無足道矣)"

저녁에는 신응사의 서쪽 승방(僧堂)에서 묵었습니다. 자리에 누워 마음속에 떠오르는 경전의 말씀을 묵송(黙誦)했습니다. 또한 이로써 사람들에게 경계하는 말을 했습니다.

『대학』에 이런 구절이 나옵니다. "탕(湯)임금의 목욕통에 〝진실로 어느 날에 새로워졌으면 나날이 새롭게 하고 또 그 다음날도 새롭게 하라〞는 말이 새겨져 있다." 이 구절을 풀이하면서 주희는 "사람이 그 마음을 씻어 악을 없애는 것은 그 몸을 씻어 때를 없애는 것과 같다"⓭고 말합니다. 신응동으로 들어오니 나는 이 세상의 티끌을 씻어내고자 하는 마음이 좀 더 간절해졌습니다.❷❹ 이름난 산에 들어온 사람이라면 그 누가 마음을 씻어내려 하지 않겠습니까?

❷❸ 『대학장구』「전이장(傳二章)」에 다음과 같은 말이 나온다. "─(湯之盤銘曰 苟日新 日日新又日新)" 또 다음과 같은 주희의 말이 나온다. "─(以人之洗濯其心以去惡, 如沐浴其身以去垢)"

❷❹ 조식은 1549년 감악산(紺岳山)을 유람하고 지은 칠언시「냇물에서 목욕하며(浴川)」에서 다음과 같이 읊는다. "온 몸에 사십 년 전부터 쌓여 온 때가 찌들어 있습니다. 일천 곡의 맑은 물로 깨끗하게 씻습니다. 티끌이 만약 배 속 내장(五臟) 안에까지 엉겨 붙는다면 지금 당장 배를 갈라 흐르는 물에 헹구어 보낼 것입니다.─(全身四十年前累 千斛淸淵洗盡休 塵土倘能生五內 直今刳腹付歸流)" 여기서 티끌이 배 속 내장 안에 엉겨 붙는다는 것은 마음 속에 사욕이 생기는 일을 비유한 것이다.

또 그 누가 스스로를 사욕으로 가득한 소인배라고 자처하겠습니까? 그렇지만 『맹자』에서는 "하루 동안 햇볕을 쪼여 주고 열흘 동안 춥게 내버려 두면 생생하게 자랄 수 있는 생물이 없다"❷❺고 말합니다. 군자가 군자인 것은 날마다 높고 밝은 곳으로 나아가기 때문이고 소인이 소인인 것은 날마다 낮고 흐린 곳을 찾기 때문입니다.❷❻ 날마다 마음을 씻지 않고 하루 이틀 마음을 씻는 것만으로는 유익할 것이 없습니다. 나날이 새롭게 하지 않고 어느 날 하루만 새롭게 하는 것으로는 충분하지 않습니다.

❷❺ 『맹자』「고자상(告子上)」편에 다음과 같은 말이 나온다. "세상에는 쉽게 자라는 생물이 있을 수 있다. 하지만 비록 그렇다 하더라도 하루 동안 햇빛을 쪼여 주고 열흘 동안 춥게 내버려 두면 생생하게 자랄 수 있는 것이 없다.─(雖有天下易生之物也 一日暴之 十日寒之 未有能生者也)"

❷❻ 『논어집주』「헌문(憲問)」편에 다음과 같은 말이 나온다. "군자는 하늘

의 이치를 따르는 까닭에 날마다 높고 밝은 곳으로 나아간다. 소인은 사람의 욕심을 따르는 까닭에 날마다 흐리고 낮은 일을 탐구한다.—(君子 循天理故 日進乎高明 小人 徇人欲故 日究乎汚下)" 또 『근사록집해』「도의 본체(道體)」편에 다음과 같은 주희의 말이 나온다. "중정(中正)에 이르지 못해도 이것을 닦는 것은 군자가 길한 이유이다. 중정을 알지 못하고 이것을 거스르는 것은 소인이 흉한 이유이다. 이것을 닦는 일과 이것을 거스르는 일은 또한 자신을 삼가는가 아니면 자신을 함부로 하는가에 달려 있을 뿐이다.—(未至此而修之 君子之所以吉也 不知此而悖之 小人之所以凶也 修之悖之 亦在乎敬肆之間而已矣)"

㊁㊉㊀ ㊐
신응사에서 냇물을 구경하다

———

이날 또 큰 비가 내렸습니다. 하루 종일 그치지 않았습니다. 김홍의 아들 김사성이 홀연히 인사를 하고 떠났습니다. 또한 장암 포구에서부터 동행했던 유생 백유량도 김사성과 함께 떠났습니다. 기생 셋과 악공들도 따라 갔습니다. 이들은 내리는 비를 무릅쓰고 용감하게 길을 나섰습니다. 나머지 사람들은 호남에서 온 여러 유생들과 하루를 보냈습니다. 사문루(沙門樓)❷에 앉아서 냇물을 구경했습니다. 냇물은 계속 불어나고 있었습니다.

❷ 사문(沙門, sramana)은 '부지런히 좋은 일을 닦고 나쁜 일을 행하지 않는 사람', 곧 머리를 깎고 불문(佛門)에 귀의한 승려를 말한다. 원문의 사문루(沙門樓)는 '사문루라는 이름의 누각'으로 풀이할 수도 있지만, '절의 누각'으로 풀이할 수도 있다. 신응사에 사문루라는 이름의 누각이 있었는지는 확실하지 않다.

㉒ ㈩ ㈰
부역을 줄여달라는 편지를 쓰다

―――

비는 아침에도 여전했습니다. 이날 저물녘에야 개기 시작했습니다. 계곡의 바위들이 모두 물에 잠겼습니다. 더 이상은 이곳으로 들어올 수도 없고 이곳으로부터 나갈 수도 없는 형편이었습니다.❷❽ 우리는 사방이 막혀 백등산(白登山)에서 흉노(匈奴)에게 포위당했던❷❾ 한고조 유방(劉邦)❸❿과 비슷한 처지였습니다. 처음보다 그 수가 줄기는 했지만 여전히 남아 있는 일행의 수가 마흔 명이 넘었습니다. 양식이 모자랄까 걱정스러워 가지고 온 양식 자루를 헤아려 보았습니다. 그리고 식사량을 평소의 절반으로 줄였습니다. 하지만 술은 헤아릴 수 없을 만큼 남아 있었습니다. 수십 병은 넘을 듯했습니다. 대부분의 사람들이 술 마시는 일을 좋아하지 않았던 까닭입니다.

❷❽ 승려 휴정(休靜)이 1564년에 쓴 「두류산 신흥사 능파각에 대한 기록(頭流山神興寺凌波閣記)」에 다음과 같은 내용이 나온다. "겨울에 얼음이 얼거나 여름에 비가 오기라도 하면, 사람들이 통행할 수 없는 것이 가장 큰 걱정거리였다.―(若冬氷夏雨 則人不得相通 深以爲病也)"

❷❾ 기원전220년 한고조(漢高祖) 유방(劉邦)은 흉노(匈奴)의 공격을 막기 위해 군사를 이끌고 출정했다. 그러나 흉노의 전력을 과소평가했다가 백등산(白登山, 현재의 산서성 소재)에서 흉노의 40만 대군에게 7일 동안 포위당하는 수모를 당하고 말았다. 구사일생으로 살아난 한고조는 죽을 때까지 이 일을 부끄럽게 여겼다고 한다.

❸❿ 한고조(漢高祖) 유방(劉邦) (기원전195년 사망) : 가난한 서민 출신으로 한나라를 세운 인물이다. 진시황(秦始皇)이 죽은 후 항우(項羽)와 합세해 진(秦)나라를 멸망시켰고 이후 항우와의 쟁패에서 승리하며 중국을 통일했다. '한나라 초기의 세 영웅(漢初三傑)'으로 일컬어지는 책략가 장량(張良), 행정가 소하(蕭何), 장수 한신(韓信)을 등용한 것으로 유명하다. 그가 세운 한나라는 이후, 유학을 중심으로 한 중국 문명의 기틀을 확립한 제국으로 자리잡았다.

걱정스러운 소식이 들려왔습니다. 호남의 선비 기대승(奇大升)❸이 일행 열한 명과 함께 비에 갇혀 고생한다는 것이었습니다. 이들은 천왕봉에 올랐다가❷ 아직 내려오지 못하고 있다고 했습니다.

❸ 기대승(奇大升) 1527—1572 : 조선 유학사에 큰 영향을 미친 유학자이다. 이황의 문인이다. 이황과 사단칠정(四端七情) 논쟁을 벌였다. 탁월한 영재성과 박학다식으로 명성을 얻었다. 명종, 선조 때의 관료이다. 이조정랑, 홍문관교리, 사헌부헌납, 성균관대사성, 대사간, 공조참의 등을 지냈다. 세상을 다스리면서 백성에게 혜택을 베푸는 경세택민(經世澤民)의 열정을 가지고 있었다. 자는 명언(明彦), 호는 고봉(高峯)·존재(存齋)이다. 『고봉집(高峰集)』, 『주자문록(朱子文錄)』, 『논사록(論思錄)』등의 책이 있다.

❷ 기대승(奇大升)의 연보(年譜)에, 1558년 4월 "지리산을 유람했다"는 기록이 있다. 원문의 상봉(上峯)은 지리산에서 가장 높은 봉우리인 천왕봉(天王峯)을 말한다.

쌍계사와 신응사가 자리잡은 곳은 모두 지리산의 한 가운데입니다. 푸른 산봉우리가 하늘에 닿도록 장벽을 세우고 있습니다. 흰 구름이 두터운 문을 닫아걸고 있습니다. 아마도 주변 마을에서 밥 짓는 연기조차 여기로는 들어올 수 없을 것입니다.

그렇지만 부역에 나가는 승려들의 발걸음으로 산길은 오히려 북새통을 이룹니다.❸ 부역에 나가서는 먹을거리조차 제공받을 수 없기 때문에 이들은 모두 자신이 먹을 쌀자루를 짊어지고 다닙니다. 토목 공사와 공물 생산에 시달린 승려들은 부처의 가르침을 배울 겨를도 없습니다.❸ 결국 모두 절을 떠나 사방으로 흩어지고 있습니다. 이에 이 절의 승려들이 나에게 고을 목사에게 보낼 편지를 부탁했습니다. 이로써 부역을 십분의 일이라도 줄

여보고자 하는 것이었습니다. 이들이 따로 하소연할 데가 없음을 가련하게 여겨 편지를 써 주었습니다.

❸ 조식의 시대에 승려들은 과도한 부역의 의무를 짊어져야 하는 역승(役僧)이었다. 조정과 지방 관아에서는 성(城) 축조, 제방 건설, 기와 제조, 종이 제작, 삼베 생산 등 각종 토목 공사와 공물(貢物) 생산을 위해 역승을 동원했다. 두부, 도토리묵, 참기름 만드는 일에도 역승을 징발했다. 부역은 유나승(維那僧)이 총괄했는데 유나승은 종단에서 선정하지만 지방 관아에서 이들의 교체를 결정할 수 있었다.

❸ 승려들은 토목, 제조업 분야에서 최고의 실력을 갖춘 기술자로서의 역할을 담당했다. 결과적으로 이 시대의 승려들은 부처의 가르침에 정통한 사람이라기보다는 목수나 장인에 더 가까웠다.

산속 승려들이 이와 같으니 산골 백성들의 형편은 보지 않아도 알 수 있었습니다. 『모시(毛詩)』에 이런 구절이 있습니다. "정치가 가혹하고 부역은 과중하다. 묵정밭에는 곡식 대신 명아주가 무성하다. 흉년이 들어 굶주린 백성들은 부모와 자식을 잃고, 급기야 집과 마을을 떠나 유랑한다."❸ 지금 우리 백성들의 모습이 이와 조금도 다를 바가 없었습니다. 아버지와 아들이 서로를 돌보지 못할 정도입니다. 유학자 주희는 이렇게 말했습니다. "만약 정치가 가혹하고 부역이 과중하여 그 부모를 부양할 수 없다면 어찌 그 선한 마음을 따르겠는가? 모름지기 정치하는 자라면 자신의 마음을 헤아려 백성들의 마음을 살펴야 한다."❸

❸ 『모시(毛詩)』「초자(楚茨)」서(序)에 이와 같은 말이 나온다. "一(政煩賦重 田萊多荒 饑饉降喪 民卒流亡)"
❸ 『주자어류(朱子語類)』「대학삼(大學三)」에 이와 같은 말이 나온다. "一(如政煩賦重 不得以養其父母 又安得以遂其善心 須是推己之心以及於彼)"

백성의 처지를 걱정하는 일은 조정 벼슬아치들의 도리입니다.㊲ 그런데 우리는 유학의 도를 공부하는 사람이면서도 자처하여 백성을 등지고 앉아 있었습니다. 그리고는 유유자적 여유를 즐기고자 했습니다. 그렇다면 우리가 얻는 즐거움이 어찌 진정한 즐거움이었겠습니까? 송나라 유학자 정명도(程明道)㊳의 유산시(遊山詩) 중에 이런 구절이 있습니다. "우리 유학의 근본이 '도탄에 빠진 백성을 구하는 경제(經濟)'가 아니라면 어찌 산에서 나가 세상으로 돌아가겠는가?"㊴ 그렇다면 우리가 산에서 나눈 고담준론(高談峻論)은 무엇과 같았겠습니까? 우리가 얻은 소득(所得)은 무엇과 같았겠습니까?

㊲ 조가방시진념(朝家方是軫念)을 풀이한 것이다. 기존의 번역 중에는 이 구절을 "조정에서 바야흐로 백성의 처지를 염려한다"고 풀이한 경우가 있다. 방(方) 자가 '바야흐로'를 뜻한다고 본 것이다. ('바야흐로'는 '지금 한창'이라는 뜻이다.) 하지만 이와 같은 풀이는 어색하다. 조식은 바로 앞 단락에서 가혹한 정치와 과중한 부역에 대해 비판적 시각을 보여 준다. 이에 이번 번역에서는 방(方) 자가 '방법, 도리, 방정함'을 뜻한다고 본다.

㊳ 정명도(程明道) 1032─1085 : 송나라 유학자이다. 성리학의 이기론(理氣論)을 체계화했다. 선악이 나누어지는 것은 타고난 본성(性)에 의한 것이 아니라 후천적인 인자에 의한 것이라 보았다. 동생 정이천(程伊川)과 함께 정자(程子) 또는 이정자(二程子)로 불린다. 26세 때 호현(鄠縣, 현재의 섬서성 소재) 고을의 주부로 관직에 나아갔다. 진성현(晉城縣, 현재의 산서성 소재) 고을의 수령으로 있을 때 "백성 살피기를 다친 사람과 같이 했다(視民如傷)"는 말을 좌우명으로 삼았다. 백성들이 부모처럼 따랐다. 명도(明道)는 호(號)이고 이름은 호(顥)이다. 자는 백순(伯淳)이다.

㊴ 정명도는 유산시(遊山詩) 「하산우성(下山偶成)」에서 다음과 같이 읊는다. "마음속 옷소매에 와 닿는 세상의 티끌을 삼 일 동안 끊고 있었다. 하지만 다시 남여에 올라 세상으로 돌아가고자 한다. 우리 유학의 근본이 도탄에 빠진 백성을 구하는 경세제민이 아니라면 어찌 산에서 나가 세상으로 돌아가겠는가? 백성 따위는 대수롭지 않게 여기고 말았을 것

이다.ㅡ(襟裾三日絶塵埃 欲上籃輿首重迴 不是吾儒本經濟 等閒爭肯
出山來)" 유산시는 산을 유람하고 지은 시를 말한다.

이에 나는 이런 오언시를 지었습니다. ㅡ 높은 물결 위에서 천
둥과 번개가 다투는 듯했습니다. 신묘한 산봉우리 위에서 해와
달이 숫돌을 가는 듯했습니다. 이로써 만물이 고동하고 사계절
이 움직이고 있었습니다.❹ 물이 있고 산이 있는 마음의 집에서
❹ 고담준론(高談峻論)을 나누었습니다. 그렇다면 우리가 얻은
것은 과연 무엇과 같았겠습니까?

❹ 고랑뢰정투(高浪雷霆鬪)와 신봉일월마(神峯日月磨)의 두 행을 세 문
   장으로 풀이한 것이다. 만물을 고동시킨다는 표현은 천둥과 번개(雷霆)
   를 부연한 것이고, 사계절이 움직인다는 표현은 해와 달(日月)을 부연
   한 것이다. 『주역』「계사전상(繫辭傳上)」에 다음과 같은 말이 나온다.
   "천둥과 번개로 고동(鼓動)하고, 바람과 비로 적셔 준다. 해와 달이 운
   행하고, 추위와 더위가 들고 난다. 하늘(乾)의 도는 남자의 성질을 만들
   고 땅(坤)의 도는 여자의 성질을 만든다.ㅡ(鼓之以雷霆 潤之以風雨 日
   月運行 一寒一暑 乾道成男 坤道成女)"
❹ 여신우(與神宇)를 풀이한 것이다. 신우(神宇)는 '사람의 훌륭한 풍모와
   능력'이라는 뜻과 '신위(神位)와 제기(祭器) 등을 보관하는 집'이라는
   뜻을 함께 가지고 있다. 이 말은 또한 '정신 세계(마음)'를 뜻하는 말로
   도 쓰인다. 이 시에서 조식은 이와 같은 의미를 중의적으로 담아낸 것
   으로 보인다. 즉 '이공량의 인품이 훌륭하다'는 의미와 '지리산 속의 불
   사인 신응사에 있다'는 의미와 '이곳의 공간이 우리 마음과 다를 바 없
   다'는 의미를 함께 나타낸다는 것이다.

매형 이공량이 벼루 보자기를 펼쳐 놓고는 시 한 구절을 청하
기에 이 시를 적어 주었습니다. 사천현의 벗 이정 또한 나를 이
어 오언시를 지어서 벼루 보자기에 적었습니다. ㅡ 냇물이 하얗
게 튀어오르는 것이 일천 겹의 눈을 쏟아 놓은 듯했습니다. 숲

이 푸르게 열리는 것이 일만 길의 청색 물감을 쏟아 놓는 듯했습니다. 한없이 흐르는 것이 신묘한 이치가 콸콸대는 것과 같았습니다. 우뚝 서 있는 것이 의젓한 본보기를 보이는 것과 같았습니다.㊷

㊷ 이 오언시는 이정(李楨)의 『구암집(龜巖集)』에 「신흥사에서 이공량의 벼루 보자기에 쓴 시─(神興寺 書李寅叔硯匣袱)」라는 제목으로 실려 있다. 다만 첫 구(溪湧千層雪)의 첫 글자가 『남명집』에는 계(溪) 자로 나오는데 『구암집』에는 낭(浪) 자로 나온다.

法宮佛榻
插起龍蛇牧丹間
以奇花
外面舉幉
亦插桃菊花牧丹
五彩交輝
眩曜人目
皆是
東土禪宮所未有也

寺去求禮縣津頭
二十里
去雙磎十里
去沙惠菴十里
去七佛十里
去上峯一日道也

出到七佛溪上
玉崙允誼
架木爲橋
橫截溪面
皆得穩步徐渡
沿溪下
到雙磎越邊
慧通愼旭

二十三日

朝欲出山
玉崙飯送之
頭流大小伽藍
不知其幾
獨神凝水石爲最

昔與成仲慮
自上峯來尋
近三十載
後與河仲礪全夏來棲
又出二十載
二君皆已仙去
於今獨來
有若曾到河漢間
茫然不知
何日泛查來也

涉水來送之
健僧數人
同來護涉

又下六七里
下馬欲濟
前日養馬者
及村夫數人
烹雞燒酒來饋之
岳陽吏編竹爲橋
皆得擔渡
溪水險急
白石粼粼
一行僕隸
亦無一人顛躓者
可謂利涉矣
誰不欲利涉
猶時有利不利
抑命耶

渡溪未十里許
青龍與其壻挈壺來
盤排魚肉
一似都市中物也
龍妻水金

舊居京師
爲有通門之恩
來見寅叔剛而
衆皆調戲之

乘舟喫午飯
下泊岳陽縣前
入宿縣倉
剛而徃見族叔母
於縣東數里許

응집시키는 곳
신묘한 힘을

Ⓔ Ⓓ Ⓒ Ⓑ Ⓐ

지리산에서 나가 악양현 현창으로 가다

———

아침에 산에서 나가고자(出山) 할 때였습니다. 주지승 옥륜이
아침 식사를 챙겨 주며 우리를 배웅했습니다. 지리산에 크고 작
은 가람(伽藍)❶이 얼마나 많은지 다 알 수는 없습니다. 그래도
내가 본 곳 중에서는 이곳 신응사가 최고입니다. 특히 이곳 신
응동의 맑은 물과 기이한 바위, 활짝 핀 꽃(花開)은 첫손가락에
꼽을 만합니다.

❶ 가람(伽藍)은 승가람마(僧伽藍摩, saagharama)의 줄임말이다. 승가는
  중을 뜻하고 람마는 동산을 뜻한다. 승려들이 살면서 부처의 가르침을
  닦는 곳이다.

내가 이곳에 온 것은 이번이 처음이 아니었습니다. 이미 삼십 년
전에, 서울의 벗 성우(成遇)❷와 함께 천왕봉에 올랐다가 내려오
면서 이곳을 찾은 일이 있습니다. 당시는 내가 선친의 삼년상을

마친 후 몹시 지쳐 있을 때였습니다. 이런 나를 위로하기 위해 성우가 삼가현까지 내려왔다가 나와 함께 이곳에 왔던 것입니다.❸ 이후 하중려(河仲礪)❹와 함께 이곳에 와서 여름 내내 머물렀던 적도 있습니다. 이 또한 이십 년은 넘은 일인 듯합니다. 그런데 성우와 하중려는 이미 모두 신선이 사는 곳으로 떠났습니다. 그리고 이번에는 나만 홀로 이곳에 와 있었습니다. 이 일은 마치 이미 오래 전에 은하수에 이르렀으나, 어느 때에 뗏목이 오는지 알지 못하는 것과 같이 여겨졌습니다. 이에 나는 망연자실(茫然自失) 아득한 마음으로 뗏목을 기다렸습니다.

❷ 성우(成遇) 1495—1546 : 조식의 절친한 벗이었던 성운(成運)의 형이다. 또한 조식과 벗으로 지냈는데, 조식은 성우에 대해 "청빈하기가 물과 같아서 일찍이 나와 단금지교(斷金之交)를 맺었다"고 말했다. 제릉 참봉(齊陵參奉)을 지냈다. 1545년의 을사사화(乙巳士禍)에 연루되어 1546년 8월 옥에서 장형(杖刑)을 당해 죽었다. 자는 중려(仲慮)이다.

❸ 조식은 1526년 3월 아버지 조언형(曺彦亨)의 상을 당했고 1528년 6월 삼년상을 마쳤다. 성우는 1528년 가을에 삼가현으로 찾아왔고 지리산 유람을 다녀온 후 다음해 봄까지 삼가현에 머물렀다.

❹ 기존의 번역 중에는 하중려(河仲礪)를 하천서(河天瑞)로 본 경우가 있다. 하천서는 조식의 매형인 이공량의 사위이다.

이번 봄의 신응사에는 목단화(牧丹花)가 가득 피어 있었습니다. 법당 불단에도 목단화를 가져다 놓았는데 용과 뱀처럼 꿈틀거리는 줄기를 꽃 사이에 함께 꽂았습니다. 이것이 꽃을 더욱 기특하게 만들어 주고 있었습니다. 바깥쪽으로 난 들창 '국화동(菊花童) 못'❺에도 목단화 다발을 걸어 두었습니다. 이번에는 꽃을 복숭아나무 가지와 묶어 꽃이 휘지 않도록 했습니다.❻ 이에 법당 안에는 적청황(赤青黃)에서 흑백(黑白)에 이르는 다섯 가지 색깔이 사람의 눈을 휘황하게 했습니다. 이와 같은 정경들은 우리나라 선사(禪寺)에서는 이때까지 볼 수 없던 것이었습니다.

❺ 국화동(菊花童) 못은 창호나 대문 등에 못 머리를 감추며 장식적으로 대는 못을 말한다. 못 머리 주변을 국화꽃 모양으로 장식하므로 국화동이라고 한다. '국화 동자못'이라는 이름으로도 알려져 있다.

❻ 삽도국화목단(挿桃菊花牧丹)을 풀이한 것이다. 기존의『유두류록』번역에서는 이 구절을 보통 "복사꽃과 국화와 목단화가 꽂혀 있었다"는 뜻으로 풀이한다. 하지만 이 세 가지 꽃을 같은 시기에 같은 자리에 꽂는 것은 불가능하다. 조식의 신응사를 찾았을 때는 목단화가 피는 계절이었을 것이다. 하지만 국화는 가을에나 피고 복숭화꽃은 목단화보다 한 달 이상 빨리 핀다. 이에 이번 번역에서는 삽도(挿桃)를 '복숭아나무 가지를 꼬챙이로 삼아 꽂는다'는 뜻으로 풀이한다. 또 국화(菊花)를 실제 꽃이 아니라 '국화동(菊花童) 못'을 가리키는 것으로 본다.

신응동(神凝洞)에서 구례현(求禮縣)의 나루터❼까지는 약 이십 리 거리입니다. 구례현 나루터 쪽으로는 화개천(花開川)을 따라 남쪽으로 내려가는데 중간쯤에 쌍계사를 지납니다. 쌍계사까지는 십 리 거리입니다. 신응동에서 북동쪽으로 십 리 정도 올라가면 사혜암(沙惠菴)❽이 나오고, 북서쪽으로 십 리 정도 올라가면 칠불사(七佛寺)가 나옵니다. 천왕봉까지는 하루면 갈 수 있습니다. 사혜암 쪽과 의신사 쪽과 칠불사 쪽의 물이 모두 이곳 신응동으로 몰려옵니다. 하늘과 맞닿은 지리산 능선의 기운이 모두 이곳 신응동으로 흘러옵니다. 그리고 다시 화개천을 따라 세상으로 흘러 나갑니다. '신응(神凝)'이란 신묘한 힘이 한곳으로 응집한다는 뜻입니다.『장자(莊子)』에 이런 말이 나옵니다. "신묘한 힘이 한곳으로 응집하면 온갖 사물이 상처나지도 않고 병들지도 않는다. 그리고 해마다 곡식이 잘 여문다."❾ 신응동은 곧 모든 지리산의 정기가 한곳으로 모여드는 곳입니다.❿

❼ 구례현(求禮縣)은 현재의 구례군 구례읍·간전면·광의면·마산면·문척면·토지면과 용방면 남쪽 일부를 포함하는 지역이었다. 여기서 언급하는 나루터는 현재의 화개장터 근방에 자리잡고 있었을 듯하다.

❽ 사혜암(沙惠菴)은 현재의 하동군 화개면 대성리 대성골에 있었던 암자를 말하는 것으로 보인다.

❾ 『장자(莊子)』「소요유(逍遙遊)」편에 이와 같은 말이 나온다. "一(其神凝 使物不疵癘 而年穀熟)"

❿ 흔히 신응동에 있는 신응사를 설명할 때 '신흥사라고도 한다'라고 덧붙인다. 하지만 이곳 동천에 있었던 절의 원래 이름은 신흥사(神興寺)였다.(93쪽 주 ❷ 참조) 이곳과 이곳의 절을 신응동(神凝洞)과 신응사(神凝寺)라고 말하는 것은 조식의 『유두류록(遊頭流錄)』에서 비롯된 것으로 보인다. 조식은 이곳의 맑고 기이한 자연을 몹시도 좋아했다. 무엇보다도 지리산의 물이 하나로 모였다가 밖으로 흘러나가는 이곳의 형세에서 유학자의 이념을 엿보았던 것 같다. 조식은 좋아하는 사람에게 새로운 호를 지어 주듯 이곳 동천에도 새로운 이름을 지어주고 싶었을 듯하다. 이에 『장자』의 말을 가져다가 이곳을 '신응(神凝)'이라고 했던 것이다. 이로써 벗과 제자들에게도 이 동천의 의미를 다시 한번 환기(喚起)하고자 했다.

절 문을 나섰습니다. 곧 칠불사 쪽 물줄기가 내려오는 곳까지 왔습니다. 승려 옥륜과 윤의가 냇물 위에 가름대 나무를 가로질러 놓았습니다. 우리를 위해 다리를 만들어 준 것이었습니다. 덕분에 우리는 모두 천천히 걸어서 편안하게 냇물을 건넜습니다. 냇물을 따라 쌍계사 쪽으로 내려갔습니다. 쌍계사 근방에 이르렀을 때 승려 혜통(慧通)과 신욱(愼旭)이 나와 우리를 배웅했습니다. 혜통과 신욱은 우리 일행이 며칠 전 쌍계사에 머물 때 여러 가지 편의를 보아주었던 이들입니다. 건장한 승려 서너 명이 함께 와서 혜통과 신욱이 냇물 건너는 일을 도왔습니다.⓫

⓫ 기존의 번역 중에는 이 구절을, "조식 일행이 물 건너는 일을 건장한 승려들이 도왔다"는 뜻으로 풀이한 경우가 있다. 하지만 쌍계석문 근방의

지형이나 마을의 위치를 감안할 때 조식 일행이 쌍계사 앞에서 화개천을 건너야 했을지는 알 수 없다. 이에 이번 번역에서는 건장한 승려들이 냇물 건너는 일을 도운 것이 혜통과 신욱일 것이라고 본다.

예닐곱 마장을 더 내려가 말에서 내려 냇물을 건너고자 할 때였습니다. 며칠 전 내 동생의 말을 돌보아 주었던 양마인(養馬人)과 촌부 여럿이 찾아 왔습니다. 이들은 닭백숙과 소주를 가지고 와서 우리를 대접했습니다. 또 악양현의 아전들이 '대나무 가마(竹輿)'⓬를 준비해 왔습니다. 이에 모두 이 가마를 얻어 타고 냇물을 건넜습니다. 냇물은 세차고 험난했는데 바닥의 흰돌이 드러나 보일 정도였습니다. 그래도 우리 일행은 종복들까지도, 엎어지거나 넘어지는 사람 하나 없이 물을 건넜습니다.

⓬ 편죽위교(編竹爲橋)를 풀이한 것이다. 교(橋)자는 '가마'를 뜻하는 글자이기도 하다. 대나무 가마(竹輿)는 대나무를 엮어서 의자처럼 앉을 수 있도록 만든 남여(籃輿)를 말하는 것으로 보인다. 조선시대 유학자들의 유람기에 '남여를 탔다'는 기록이 종종 보인다.

『주역』에는 "큰 내를 건너는 것이 이롭다"는 말이 여러 번 나옵니다.⓭ 대체로 군자가 자신을 닦아⓮ 백성의 험난함을 구제한다⓯는 뜻입니다. 이때에 험난한 냇물을 무사히 건넜던 일은 "건너는 것이 이롭다"는 『주역』의 말을 가져다 쓸 만했습니다. 누구인들 이처럼 편안하게 냇물을 건너고 싶어 하지 않겠습니까? 모두가 이처럼 험난함을 구제하고 싶어 할 것입니다. 그러나 때(時事)에 따라 이는 이로울 수도 있고 이롭지 않을 수도 있습니다. 또한 운명이 아니겠습니까?

❸ 원문의 이섭(利涉)은 '이섭대천(利涉大川)'을 줄인 말이다. 이섭대천은 "큰 내를 건너는 것이 이롭다"는 뜻이다. 『주역』의 「수괘(需卦)」, 「동 인괘(同人卦)」, 「고괘(蠱卦)」, 「이괘(頤卦)」, 「대축괘(大畜卦)」, 「익괘 (益卦)」, 「환괘(渙卦)」, 「중부괘(中孚卦),「미제괘(未濟卦)」 등에 나온 다. 군자가 자신을 수양함으로써 백성의 어려움을 구제한다는 뜻을 담 고 있다.

❹ 『주역』「동인괘」에 다음과 같은 말이 나온다. "다른 사람과 연대하는 일은 광야에서 이루면 형통하다. 큰 내를 건너는 것이 이롭다. 군자는 올바름을 굳게 지키는 것이 이롭다.—(同人于野 利涉大川 利君子 貞)" 이 말에 대해 정이천은 『역전』에서 다음과 같이 부연한다. "소인 은 오로지 그 사사로운 의도를 가지고 행동한다. 친한 사람들은 비록 옳지 않더라도 또한 연대하고 미워하는 사람들은 비록 옳다 하더라도 또한 배제한다. 이런 까닭에 연대하는 바가 편파적인 파벌을 이룰 뿐이 다. 이는 그 마음이 올바르지 못하기 때문이다. 그러므로 연대하는 도는 그 이로움이 군자가 올바름을 굳게 지키는 데 있다.—(小人則唯用其私 意 所比者 雖非亦同 所惡者 雖是亦異 故其所同者則爲阿黨 蓋其心不 正也 故同人之道 利在君子之貞正)"

❺ 『주역』「익괘」에 다음과 같은 말이 나온다. "더함은 일을 진행하는 것 이 이롭고 큰 내를 건너는 것이 이롭다.—(益利有攸往 利涉大川)" 이 말에 대해 정이천은 『역전』에서 다음과 같이 부연한다. "더함은 세상 을 유익하게 하는 도이니 일을 진행하는 것이 이롭다. 더함의 도는 험 난함을 구제할 수 있으니 큰 내를 건너는 것이 이롭다.—(益者 益於天 下之道也 故利有攸往 益之道 可以濟險難 利涉大川也)"

냇물을 건너 악양현 쪽으로 여덟아홉 마장 쯤 갔을 때였습니다. 하종악의 노비 청룡(靑龍)과 그 사위가 술과 함께 생선과 고기 등을 가지고 와 소반에 차려놓고 우리를 대접했습니다. 도읍의 시장에서 먹는 것과 다를 바 없을 만큼 맛이 좋았습니다. 청룡 의 처인 수금(水金)도 함께 와서 인사했습니다. 청룡과 수금은 예전에 서울에 살 때 혼인했는데, 바로 나의 매형 이공량과 사 천현의 벗 이정이 그 부부의 인연을 맺어주었습니다. 이에 인사 를 온 것이었습니다. 우리는 모두 이들 부부의 일에 대해 실없 는 웃음엣말을 주고받았습니다.

배에 올라 점심을 먹었습니다. 은자 한유한이 살았던 삽암을 지나 악양현 앞 ⓖ에서 배를 내렸습니다. 악양현의 현창(縣倉) ⓗ으로 들어가 묵었습니다. 이정은 족숙모(族叔母) ⓘ를 뵈러 갔습니다. 이정의 족숙모는 악양현에서 동쪽으로 서너 마장 거리에 산다고 했습니다.

ⓖ 악양현 앞은 현재의 하동군 악양면 미점리 개치마을 앞을 말하는 것으로 보인다. 개치(開峙)는 대가야 때부터 있었던 나루터였다.

ⓗ 악양현 현창(縣倉)은 1518년 세워진 악양현 의창이다. 1530년 간행된 『신증동국여지승람(新增東國輿地勝覽)』에 다음과 같은 언급이 나온다. "진주목과의 거리가 멀어서, 백성들이 관곡(官穀)을 빌려가고 되갚는 노고가 많았다. 이에 비로소 여기에 의창을 세웠다.—(去州遠 民苦糴糶 始置義倉于此)"

ⓘ 족숙(族叔)은 성씨와 본관이 같으면서 유복친(有服親) 안에 들지 않는, 아저씨뻘인 사람이다. 유복친은 상을 당했을 때 상복을 입는 친척인데 대체로 8촌 이내이다. 족숙은 곧 9촌보다 먼 아저씨뻘 사람을 말하는 것이다.

七

㆓㆗㆕㈰

　　　　——

晨嚥白粥
登東嶺
嶺曰㆔呵息峴
嶺高橫天
登者數步㆔呵息
故名之
頭流元氣
到此百里來
偃蹇
而猶未肯小㆘者也

愚翁乘剛而馬
獨鳴鞭先登
立馬第㆒峯頭
㆘馬
據石而揮扇
眾皆寸寸而進

人馬汗出如雨
良久乃至

植忽面折愚翁曰
君憑所乘之勢
知進而不知止
能使他㈰趨義
必居㆟先
不亦善乎
翁謝曰
吾已料君應有峭說
吾果知罪

剛而顧視頭流
陰雲掩翳
不知所在
乃嘆曰
山莫大於頭流
近在㆒望之㆗
眾㆟瞪目而視之
猶不得見
況賢不能大於頭流
近不能接於目前
明不能察
於眾見者乎

116

相與四顧流觀
東南面蒼翠最高者
南海之殿也
正東之彌漫蟠伏
波相似者
河東昆陽之山也
又東之
隱隱嵩天如黑雲者
泗川之臥龍山也
其間如血脈之
交貫錯綜者
江河海浦之經絡
去來者也

山河之固
不啻魏國之寶
臨萬頃之海
據百雉之城
猶爲島夷小醜
重困蒼生
寧不爲嫠緯之憂乎

晚到橫浦驛
饑甚
啗寅叔行箱中

果子乾雉
飲秋露一勺
午到頭理峴
下馬憩樹下
渴甚
人各飲冷泉數瓢下

忽有
芒鞋襦直領人下馬
翩翩而過
見剛而
輒坐
問其所之
乃光陽校官也
有雄雉噪噪而鳴
李栢挾弓飲箭
邐繞之
雉忽飛去
衆皆笑之

方在雲水中
非雲水則不入眼
纔到下界
所見無他
廣文之過

山雞之飛
猶足以掛眼
所見如何不養乎

夕到旌樹驛
館前竪有鄭氏旌門
鄭氏
趙承宣之瑞之妻
文忠公鄭夢周之
玄孫
承宣義人也
高風所擊
隔壁寒慄
知燕山不克負荷
退居十餘年
猶不得免
夫人沒爲城旦
乳抱兩兒
背負神主
不廢朝夕祭
節義雙成
今亦有焉

看來高山大川
非無所得
而比韓鄭趙三君子

於高山大川
更於十層峯頭
冠一玉也
千頃水面
生一月也

海山三百里
獲見
三君子之跡
於一日之間
看水看山
看人看世
山中十日好懷
翻成一日不好懷
後之秉鈞者
來此一路
不知何以爲心耶

且看
山中題名於石者多
三君子不曾入石
而將必名流萬古
曷若以萬古爲石乎
泓之
又令饔人致饎於驛
已四五日矣

李生員乙枝
曹秀才元佑來見
及昏
乙枝嚴君以酒來
趙光珝亦來

夜就郵店
一室僅如斗大
佝僂而入
房不展脚
壁不蔽風
方初怫然如不自容
既而四人抵頂交枕
甘寢度夜

可見習狃之性
俄頃而便趨於下也
前一人也
後一人也
前入青鶴洞
若登閬風
猶以爲不足
又入神凝洞
方似上瑤池
猶以爲不足
又欲跨漢入青霄

控鶴冲空
便不欲下就塵寰
後之屈身
於坏螻之間
又將甘分然

雖是素位而安
可見
所養之不可不高
所處之不可小下也
亦見
爲善由有習也
爲惡由有狃也
向上猶是人也
趨下亦猶是人也
只在
一舉足之間而已

세 하
군 나
자 의
, 덕

㉝ ㉚ ㉃ ㉰
삼가식현을 넘어 조지서의 옛 마을에 이르다

———

새벽 닭 울음소리를 들으며 흰죽을 먹었습니다. 곧 길을 나서
동쪽의 큰 고개를 올랐습니다. 이 고개는 고갯마루가 가로로 하
늘과 맞닿아 있는 곳입니다. 삼가식현(三呵息峴)이라고 부릅니
다.❶ 산세가 험해 사람들이 몇 걸음도 걷지 못하고 세 번씩 숨
을 몰아쉰다고 해서 이와 같은 이름을 붙였다고 합니다. 지리산
의 원기(元氣)가 백 리가 넘는 이곳까지 흘러오고 있었던 것입
니다. 나무들 또한 지리산 깊은 곳과 마찬가지로 그 가지를 꼿
꼿하게 치켜들고 있었습니다.❷ 그리고 아직은 그 위세를 줄이
거나 낮추려 하지 않았습니다.

❶ 삼가식현은 현재의 삼화실(三花室)재를 말하는 것으로 보인다.『진양
　지(晉陽誌)』에 "악양현의 북쪽 십리에 삼가식현이 있다"는 기록이 보
　인다. 삼화실재는 하동군 악양면 신대리와 하동군 적량면 서리 사이에
　있는 고개이다.
❷ 언건(偃蹇)을 풀이한 것이다.『초사(楚辭)』「초은사(招隱士)」에 언건

120

(偃蹇)이라는 말이 나온다. 다음과 같다. "산골 깊은 곳에 계수나무가 무더기로 자란다. 구불구불하면서도 꼿꼿한 가지가 서로 얽혀 있다.— (桂樹叢生兮山之幽 偃蹇連卷兮枝相繚)"

이희안이 이정의 말을 탔습니다. 홀로 채찍을 휘두르며 앞장서서 올라갔습니다. 고갯마루 가장 높은 곳에 말을 세웠습니다. 그리고는 말에서 내려 바위 위에 걸터앉아 휘휘 부채질을 했습니다. 다른 사람들은 모두 한 걸음 한 걸음 앞으로 나아갔습니다. 사람과 말이 헐떡거리며 흘리는 땀이 마치 빗물과 같았습니다. 얼마 후 다들 고갯마루에 닿았습니다.

나는 면전에서 이희안을 나무라며 이렇게 말했습니다. "그대는 말을 탄 기세에 의지하여 나아갈 줄만 알고 그칠 줄은 알지 못했습니다. 그렇다면 훗날 의로움을 추구해야 할 때에도 그대는 분명히 다른 사람의 앞자리를 차지할 수 있을 것입니다. 또한 좋은 일이 아니겠습니까?" 이희안은 부끄러워하며 이렇게 말했습니다. "나는 이미 그대가 쏘아붙이는 말을 할 것이라고 짐작하고 있었습니다. 나는 정말로 내 잘못을 알고 있습니다." 그렇지만 나는 또한 알고 있습니다. 의로움을 추구하는 일은 쉽지 않습니다. 이로움은 세상 사람들이 원하는 것이지만, 의로움은 하늘의 마땅한 도리인 까닭입니다.❸

❸ 『논어집주』「이인(里仁)」편에 다음과 같은 말이 나온다. "의로움은 천리의 마땅함이다. 이로움은 인정이 원하는 것이다.—(義者 天理之所宜 利者 人情之所欲)" 또 『심경부주(心經附註)』「인심도심(人心道心)」장에 다음과 같은 주희의 말이 나온다. "의리는 정밀하고 미미하여 보기 어렵다. 만약 이익과 손해 같은 것이라면 보기 쉽다. 이것은 거친 것이다. 그러나 짐승은 반드시 그것을 알지 못한다.—(義理精微難見 且如利害最易見 是粗底 然鳥獸已有不知之者)"

그 사이 이정은 지리산 쪽을 두리번거렸습니다. 지리산은 짙은 먹구름에 가려져 어느 쪽에 있는지 볼 수 없었습니다. 이정은 탄식하며 이렇게 말했습니다. "산은 지리산보다 큰 것이 없습니다. 게다가 한눈에 바라볼 수 있을 만큼 가까운 곳에 있습니다. 그런데도 여러 사람이 눈을 부릅뜨고 찾아보아도 오히려 볼 수가 없습니다. 하물며 현명함이라면 어떻겠습니까? 현명함이란 지리산보다 클 수도 없습니다. 가까워도 눈앞에서 볼 수는 없습니다. 여러 사람이 분명하게 살필 수 있는 것도 아닙니다. 그렇다면 또한 보기 어렵지 않겠습니까?" 과연 그렇습니다.

일행과 함께 사방의 산줄기를 두루 살펴보았습니다. 남쪽에 비취색을 띠며 솟아오른 가장 높은 봉우리는 남해현(南海縣)의 망운산(望雲山)❹입니다. 동쪽에 여기저기 흩어져서 또아리를 틀듯 웅크리고 있는 것은 하동현과 곤양군의 산들입니다. 또 그 너머의 동남쪽에 솟아올라 하늘의 먹장구름과도 같이 까마득하게 보이는 것은 사천현의 와룡산(臥龍山)입니다.❺ 그리고 그 산과 산 사이로 강과 바다가 사람의 핏줄과도 같이 얽히고설켜 있습니다. 물길과 포구가 우리 몸의 경락(經絡)❻과도 같이 땅의 기운을 여기저기로 연결시키고 있습니다.

❹ 원문의 남해지전(南海之殿)을 풀이한 것이다. 기존의 번역은 대개 이를 '남해의 산'이라고 풀이한다. 이번 번역에서는 남해현의 주산(主山)인 망운산을 가리키는 것으로 본다. 망운산은 남해현에서 가장 높다. 조식은 이 산을 삼가식현의 동남쪽에 있는 것으로 보지만, 실제로는 남쪽에 있다. (정황상 곤양군의 금오산을 말하는 것일 수도 있을 듯하다. 하지만 금오산이라면 또 '곤양지금오산(昆陽之金鰲山)'이라고 했을 것이다.)

❺ 와룡산(臥龍山)은 사천현의 진산이다. 고려 태조 왕건의 아들인 왕욱(王郁)이 용으로 승천한 곳이라는 이야기가 전해져 내려온다. 조식은 이

산을 삼가식현의 동쪽에 있는 것으로 보지만, 실제로는 동남쪽에 있다.

❻ 경락(經絡)은 한의학에서 몸 전체의 기혈(氣血)을 운행하고 각 부분을 조절하는 통로이다. 이 부분을 침이나 뜸으로 자극하면 병을 낫게 할 수 있다. 경맥(經脈)과 낙맥(絡脈)을 아울러 이르는 말이다.

전국시대(戰國時代) 위(魏)나라의 무후(武侯)❼는 배를 타고 가다가 이렇게 말했습니다. "우리 산하는 견고하니 이것이야말로 우리 위나라의 보물이다."❽ 지형지세가 적을 맞아 싸우기에 유리하다는 점을 자랑스러워하는 말이었습니다. 그런데 이와 같은 산하의 견고함은 위나라의 보물만은 아닙니다. 삼가식현에서 바라본 우리의 산하 또한 굳고 단단한 것이었습니다. 지리산에서 망운산과 와룡산으로 이어지는 산줄기는 백 치(雉)❾나 되는 성곽과도 같았습니다. 게다가 남해의 만경창파(萬頃蒼波)가 그 앞을 사납게 가로막고 있었습니다.

❼ 위(魏)나라는 전국시대의 강대국(戰國七雄) 중 하나이다. 특히 전국시대 초기에는 진나라와 초나라를 능가하는 최강국의 위상을 가지고 있었다. 현재의 산서성, 하북성, 산동성 일대를 근거지로 삼았다. 무후(武侯)는 이 위나라의 3대 왕이다.

❽ 『사기(史記)』「손자오기열전(孫子吳起列傳)」에 다음과 같은 내용이 나온다. "위나라 무후가 서쪽 강에서 배를 타고 아래로 내려가고 있었다. 중간 쯤에서 무후는 뒤를 돌아보며 장수 오기(吳起)에게 이렇게 말했다. 〝아름답다. 우리의 산하가 견고하다. 이것은 우리 위나라의 보물과도 같은 것이다.〞이에 오기가 대답했다. 〝나라를 지키는 일은 왕의 덕에 달려 있는 것이지 지형의 험준함에 달려 있는 것이 아닙니다.〞— (武侯浮西河而下 中流顧而謂吳起曰 美哉乎山河之固 此魏國之寶也 起對曰 在德不在險)"

❾ 치(雉)는 성벽의 규모를 계산하는 단위이다. 높이 10자, 길이 30자를 1치로 계산한다. 조선 전기의 황종척을 기준으로 1자는 34.7cm이므로 1치는 곧 높이 3.47m, 길이 10.41m이다.

그런데도 우리의 산하는 지금까지 보잘것없는 섬 오랑캐로부터 침탈당하는 일이 잦았습니다. 왜선 70여 척이 전라도 남해안으로 상륙했던 을묘년의 달량포왜변은 말할 것도 없습니다. 왜구는 거듭 해안으로 침입해 우리 백성들을 죽이고 노략질을 일삼았습니다. 『춘추좌씨전(春秋左氏傳)』에는 "베 짜는 과부가 씨실이 모자라는 것을 걱정하지 않고 주(周)나라가 무너지는 것을 걱정한다"❿는 말이 나옵니다. 이는 자신의 분수를 모르고 한 말이 아닙니다. 이는 그 재앙이 자신에게도 미칠 것이라 여겼기 때문에 한 말입니다. 나는 책 읽는 유학자로서 늘 "편안하게 마음을 놓아버리고 아무 일도 하지 않아서는 안된다"⓫고 생각해 왔습니다. 그렇다면 어찌 베 짜는 과부와 같은 나라 걱정을 한 시라도 하지 않을 수가 있겠습니까?

❿ 이위(嫠緯)는 이불휼위(嫠不恤緯)를 줄인 말이다. 분수에 어울리지 않는 근심을 말한다. 『춘추좌씨전』소공(昭公) 24년 기사에 다음과 같은 내용이 나온다. "베 짜는 과부가 씨실이 모자라는 것을 걱정하지 않고 주나라가 무너지는 것을 걱정한다는 말은 그 재앙이 자신에게도 미칠 것이라 여기기 때문이다.―(嫠不恤其緯 而憂宗周之隕 爲將及焉)"

⓫ 『학기유편(學記類編)』「출처(出處)」편에 다음과 같은 말이 나온다. "고상한 선비는 책임 있는 지위에 있지 않다고 하여 편안하게 마음을 놓아버리고 아무 일도 하지 않아서는 안된다.―(高尙之士 不可以不在於位 而安然放意無所事也)" 이 말은 조식이 정이천의 『역전(易傳)』「관괘(觀卦)」에서 뽑아 『학기유편』에 담아 놓은 것이다. 『학기유편』은 조식이 유가의 경전과 역사책을 읽으며 자신에게 절실하다고 여겨지는 구절을 뽑아 묶은 책이다.

하동현의 횡포역(橫浦驛)⓬에는 생각보다 늦게 도착했습니다. 아침으로 흰죽을 먹고 삼가식현을 넘어와서인지 심한 허기가 느껴졌습니다. 먹을거리 행상(行箱)⓭을 메고 다니는 이공량에게서 말린 꿩고기와 과자 몇 조각을 얻어먹었습니다. 또 가을 이슬로 빚었다는 추로주(秋露酒)도 한 모금 마셨습니다.

❷ 횡포역(橫浦驛)은 하동현과 사천현을 연결하는 교통로에 자리잡은 역참(驛站)이다. 현재의 하동군 횡천면 남산리 원동마을(원곡마을)에 있었다.

❸ 행상(行箱)은 길을 갈 때 가지고 다니는 작은 상자(箱子)를 말한다. 흔히 싸리나 버들로 결어 만든다. 행담(行擔)이라고도 한다.

한낮 즈음에는 산세가 두리뭉실한 두리현(頭理峴)❹를 넘었습니다. 큰 나무가 있는 샘터에서 말을 내려 잠시 쉬었습니다. 다들 갈증이 심했는지, 찬 샘물을 두어 표주박씩 들이켰습니다. 이때 샘터에 말을 탄 관원 한 명이 홀연히 나타났습니다. 옷깃이 곧은 직령포(直領袍)❺를 입었는데, 또 '베로 감싼 갓(襦笠)'❻을 쓰고 소박한 짚신을 신었습니다. 그는 나푼나푼 샘터로 걸어가 물을 마셨습니다. 이정을 보고는 문득 그 옆에 자리를 잡고 앉았습니다. 어디로 가는지 묻자 전라도 광양현(光陽縣)❼ 향교의 교관(校官)❽이라고 했습니다. 꿩 한 마리가 꾸어꾸엉 울었습니다. 이정의 서제 이백이 활을 들어 시위에 화살을 얹은 후 꿩 울음소리가 나는 쪽으로 살금살금 다가갔습니다. 하지만 꿩은 화들짝 날아가 버리고 말았습니다. 샘터에 있던 이들이 모두 이 모습을 보고 웃었습니다.

❹ 현재의 하동군 횡천면 애치리와 북천면 방화리를 연결하는 황토재를 말하는 것으로 보인다. 조식은 이때의 유람에서 횡포역을 지나 두리현(頭理峴)을 넘은 후 정수역(旌樹驛)으로 간다. 그런데 성여신의 「방장산선유일기(方丈山仙遊日記)」를 보면 "횡포를 지나 황현(黃峴)을 넘은 후 대야천을 경유해 동곡리에 이르렀다 ―(過橫浦 越黃峴 經大也川 到

桐谷)는 구절이 나온다. 이 구절에서 성여신이 언급한 동곡리는 정수역 근방의 마을이다. 조식이 넘은 두리현은 곧 성여신이 넘은 황현이라는 것이다. 또 황현은 현재의 황토재이다.

⓯ 직령포(直領袍)는 길이가 발뒤꿈치까지 내려오고 소매가 넓은 도포의 한 가지이다. 목 부분의 옷깃이 곧고 빳빳한 것을 빼면 대체로 단령포 와 유사하다. 향리, 별감, 무관 등의 하급 관원들이 관복 겸 평상복으로 입었다. 직령(直領), 직령의(直領衣)라고도 한다.

⓰ 원문의 유(襦)자를 풀이한 것이다. 유립(襦笠)은 베와 같은 얇은 천으로 감싼 갓을 말한다.

⓱ 광양현(光陽縣)은 대체로 현재의 광양시에 자리잡고 있었던 고을이다. (1914년 조선총독부령에 의해 광양시 광양읍 덕례리 부근의 경계에 일 부 가감이 있었다.)

⓲ 교관(校官)은 곧 조선시대 교관(教官)의 별칭이다. 지방 관아의 향교에 서 생도들을 가르치는 종육품 교수(教授), 종구품 훈도(訓導), 생원·진 사 교도(教導) 등을 통틀어 교관(教官)이라고 불렀다.

산속의 구름과 물 가운데 있을 때는 구름과 물이 아니면 눈에 들어오지 않았습니다. 이는 구름과 물이 우리의 마음을 꽉 채 우고 있어서였습니다. 그런데 산 아래 세상으로 내려와 있을 때는 눈길을 끄는 별다른 것이 없었습니다. 광양현 향교의 교 관⓳이 우리를 지나쳐 간 일과 꿩이 날아간 일은 그리 대단한 일이 아니었습니다. 그래도 오히려 우리의 눈알을 빼서 걸어두 기에 충분했습니다. 『장자』에는 이런 말이 나옵니다. "눈이 사 물을 본다는 것은 다만 부림을 당하는 것일 뿐이다. 정신이 눈 에 들어온 것을 소집해 밝히는 것이다."⓴ 유학자 주희는 또 "마 음으로 보는 것과 눈으로 보는 것은 다르다"㉑고 말합니다. 그 렇다면 우리가 눈으로 보는 것을 어떻게 마음으로 기르지 않을 수 있겠습니까?

⑲ 광양현 향교의 교관은 원문의 광문(廣文)을 풀이한 것이다. 광문(廣文)은 당(唐)나라의 칠학(七學) 가운데 하나인 광문관(廣文館)을 가리키는 말이다. 이후로 교육 기관의 교관(敎官)을 광문이라 불렀다.

⑳ 『장자』「재유(在宥)」편에 다음과 같은 말이 나온다. "눈이 사물을 본다는 것은 다만 부림을 당하는 것일 뿐이다. 정신이 눈에 들어온 것을 소집해 밝히는 것이다. 대체로 눈은 정신을 이기지 못한다. 이미 오래 전부터 그랬다. 그런데도 어리석은 자들은 단지 그 눈으로 본 것을 믿고서 사람들에게 가서 그 공을 자랑한다. 또한 비애에 젖을 일이 아닌가?—(明者唯爲之使 神者徵之 夫明之不勝神也 久矣 而愚者恃其所見 入於人其功外也 不亦悲乎)"

㉑ 『근사록집해(近思錄集解)』「극기(克己)」편에 다음과 같은 주희의 말이 나온다. "마음으로 보는 것과 눈으로 보는 것은 다르다. 마음으로 듣는 것과 귀로 듣는 것은 다르다.—(視與見異 聽與聞異)"

저녁에 정수역(旌樹驛)에 도착했습니다. 정수역은 하동현에서 진주목으로 들어오는 길목에 위치한 역참입니다.**㉒** 역참 앞에 정씨 부인의 절개를 기리는 정려문(旌閭門)이 있습니다. 정씨 부인은 유학자 조지서(趙之瑞)의 아내인데, 또 문충공(文忠公) 정몽주(鄭夢周)**㉓**의 현손입니다.

㉒ 정수역(正守驛)은 현재의 하동군 옥종면 정수리 영당마을에 있었다. 또 조식은 정수역(正守驛)의 한자를 바꿔 정수역(旌樹驛)이라고 쓴다. 또한 이곳에 정씨 부인의 정려문이 있다는 사실을 환기하기 위해서일 듯하다.

㉓ 정몽주(鄭夢周) 1337—1392 : 고려의 충신으로 유명하다. 개성에 오부학당을 세우고 지방에 향교를 세워 후진을 가르쳤다. 이로써 우리나라 성리학의 기초를 닦았다. '동방 이학의 시조(東方理學之祖)로 일컬어진다. 고려의 법률 체재를 정비하고 의창을 세워 빈민을 구제하는 데도 앞장섰다. 개성 선죽교에서 이방원의 부하에게 살해당했다. 문집에 『포은집(圃隱集)』이 있다. 자는 달가(達可), 호는 포은(圃隱)이다.

조지서는 의로운 사람이었습니다. 세자(훗날의 연산군)를 가르치는 시강원보덕(侍講院輔德)을 지냈는데, 세자에게 곧게 간언했습니다. 간언하는 말들이 세찬 바람처럼 휘몰아치니 벽 너머에 있는 이들까지 '오한으로 덜덜 떠는 병증(寒慄)'이 생길 정도였습니다. 유희만 일삼으며 학문에는 뜻을 두지 않았던 세자는 조지서를 매우 혐오했습니다. 얼마 후 세자는 왕위에 올랐습니다. 곧 연산군(燕山君)입니다. 『춘추좌씨전』에 "아버지가 장작을 쪼개 놓았는데 아들이 이를 짊어지지 못한다"❷❹는 말이 나옵니다. 연산군에게는 선왕(成宗, 중종)의 장작을 짊어질 능력이 없었습니다. 조지서는 이를 알고 있었고 벼슬에서 물러났습니다. 그리고 이곳 진주목 동곡리 삼장원동(三壯元洞)❷❺의 고향으로 돌아와 은거했습니다. 그러나 결국은 화를 면하지 못했습니다. 연산군은 원한을 잊지 않고 있다가 갑자년(1504년)❷❻에 조지서를 죽였습니다. "조지서가 참형을 당할 때는 천둥 번개가 치고 비바람이 크게 일었습니다. 이에 사람들이 모두 〝바른 사람의 죽음은 하늘이 안다〞라고 말했습니다."❷❼

❷❹ 부하(負荷)를 풀이한 것이다. 『춘추좌씨전』소공(昭公) 7년에 "아버지가 장작을 쪼개 놓았는데, 아들이 등에 짊어지지 못한다 ─(其父析薪 其子弗克負荷)"는 말이 나온다. 이로부터 '앞 사람의 일(先業)'을 계승한다는 뜻으로 부하라는 말을 쓴다.

❷❺ 진주목 동곡리 삼장원동(三壯元洞)은 현재의 하동군 옥종면 대곡리 삼장마을(삼장골)이다. 삼장원동은 조지서가 과거에서 세 번 장원으로 합격했기 때문에 붙여진 이름이다.

❷❻ 갑자사화(甲子士禍) 때를 말한다. 갑자사화는 연산군이 생모인 폐비 윤씨의 원한을 갚기 위해 일으킨 사화이다. 연산군의 생모인 성종의 비(妃) 윤씨는 왕비로서의 체모를 지키지 못한다는 이유로 쫓겨난 후, 1482년 사사(賜死)되었다. 연산군은 왕위에 오른 후 10년이 지난 1504년, 폐비 윤씨의 일에 관여한 모든 사람들에게 복수했다. 이때에 연산군은 조지서도 죽였다.

㉗ 조식이 조지서의 옛 자취를 기록한 「지족당 조공 유사(知足堂 趙公 遺事)」에 이와 같은 내용이 나온다. "一(當其被刑也 雷霆暴起 風雨大作 人皆曰 正人之死 天知之也)"

조지서가 죽을 때 정씨 부인은 재산을 몰수당하고 성 쌓는 일에 끌려다녔습니다. 그리고 젖먹이인 두 아이를 업고 초야를 떠돌아야 했습니다. 하지만 조상의 신주(神主)를 지고 다니며 아침저녁으로 제사를 지냈습니다.㉘ 정씨 부인은 잡혀가는 남편에게 "죽음을 무릅쓰고 신주를 보존하겠다"㉙고 약속했는데 이 약속을 어기지 않았습니다. 유학자 사량좌(謝良佐)가 "선비는 곤궁할 때에 그 절개와 의리를 볼 수 있다"㉚고 말하는 것은, 그만큼 절개와 의리를 지키는 사람이 드물다는 뜻입니다. 그런데 조지서와 정씨 부인은 두 사람이 함께 절개와 의리를 지켰습니다.㉛ 이 두 사람은 또한 옛 사람들과 같은, 곧은 마음을 온전히 간직하고 있었던 것입니다.㉜

㉘ 조식이 직접 쓴 「시강원보덕 조지서의 묘비명(中訓大夫 侍講院輔德 贈通政大夫 承政院都承旨 趙公墓銘)」에도 이와 같은 내용이 나온다. "갑자사화 때 정씨 부인은 재산을 몰수당하고 성 쌓는 일에 끌려 다녔습니다. 초야를 떠돌 때 아들 조침은 포대기에 있었고 조리는 배 속에 있었습니다. 정씨 부인은 나무 열매를 주워다가 사발에 삶아 아침저녁으로 제사를 지냈습니다. 중종 때 정려문을 세워 정씨 부인의 절의를 기렸습니다.—(甲子之亂 夫人沒爲城旦 流離草野 子琛在襁褓 理在腹 手拾木實 烹爨瓦甌 朝夕奉奠 中廟朝褒旌門閭)"

㉙ 이자(李耔, 1480—1533)의 『음애일기(陰崖日記)』에 다음과 같은 내용이 나온다. "조지서는 스스로 그 화를 면하기 어렵다는 사실을 알았다. 이에 정씨 부인과 결별의 술을 마시며 말했다. ʻ내가 이번에 가면 반드시 집으로 돌아올 수 없을 것입니다. 그렇다면 조상의 신주를 어찌할지 모르겠습니다.ʼ 정씨 부인이 울면서 말했다. ʻ내가 죽음을 무릅쓰고 보존할 것입니다. 당연합니다.ʼ —(之瑞自度其難免 擧酒與鄭氏訣曰 吾之此行 必不能返家 奈祖父神主何 鄭氏泣曰 當以死自保而已)" 이자는

중종 때 형조판서, 우참찬 등을 지낸 문신 관료이다.

❸⓪ 『논어집주』「자한(子罕)」편에 다음과 같은 사량좌의 말이 나온다. "선비는 곤궁할 때에 그 절개와 의리를 볼 수 있다. 세상은 어지러울 때 그 충신을 알 수 있다.―(士窮見節義 世亂識忠臣)"

❸⓵ 절의쌍성(節義雙成)을 풀이한 것이다. 절의쌍성 또는 쌍절(雙節)이라는 표현은 형제, 부부 등이 함께 절개를 지켰다는 뜻으로 쓰일 경우가 많다. 가령 백숙쌍절(伯叔雙節)이라는 말은 백이(伯夷)와 숙제(叔齊) 두 사람의 절개를 의미한다. 그리고 조식이 쓴 「시강원보덕 조지서의 묘비명」에 "집안에 두 절개가 있었습니다 ―(家雙節兮)"라는 말이 나온다. 그런데 기존의 번역 중에는 이 구절을 "절개와 의리를 둘 다 이루었다"고 풀이한 경우도 있다.

❸⓶ 금역유언(今亦有焉)을 풀이한 것이다. 금역유언을 축자역하면, "지금도 또한 그것을 간직하고 있다"는 뜻이다. 그런데 「시강원보덕 조지서의 묘비명」에 다음과 같은 말이 나온다. "조지서는 또한 옛날의 곧은 마음을 간직하고 있었습니다.―(輔德 亦古之遺直也)"

이번 유람에서 높은 산을 보고 큰 물을 보았습니다. 얻은 바가 없는 것이 아니었습니다. 특히 앞 시대의 군자들이라 할 수 있는 한유한과 정여창과 조지서의 옛 흔적을 만난 일은 깊은 감회(感懷)를 불러일으켰습니다. 이들 세 군자의 모습은 높은 산과 큰 물에 견줄 수 있습니다. 높은 산에 견주어 본다면 이들은 열 번 겹쳐 쌓은 봉우리 꼭대기에 '하나의 옥'을 올려놓은 것과 같습니다. 공자(孔子)는 군자의 덕을 옥에 비유하면서 "의로움은 예리하면서도 상처 입히지 않는 옥과 같다"❸⓷고 말한 일이 있습니다. 이들 세 군자 모습이 바로 이와 같습니다. 큰 물에 견주어 본다면 이들은 천 이랑으로 출렁거리는 물결에서 '하나의 달'이 생겨나는 것과 같습니다. 불교에서는 "모든 물 위에 어려 있는 그 많은 달은 하늘 위에 떠 있는 하나의 달에서 비롯된 것"❸⓸이라고 말합니다. 또한 이들 세 군자의 모습이 바로 이와 같습니다.

❸❸ 『공자가어(孔子家語)』「문옥(問玉)」에 다음과 같은 공자의 말이 나온다. "옛날에는 군자의 덕을 옥에 비유했다. 인은 따뜻하고 윤기가 나면서 빛나는 옥과 같다. 지혜는 꼼꼼하고 촘촘하면서 단단한 옥과 같다. 의로움은 예리하면서도 상처 입히지 않는 옥과 같다. 예는 아래로 드리운 것이 낮추는 옥과 같다.—(夫昔者君子比德於玉焉 溫潤而澤 仁也 縝密以栗 知也 廉而不劌 義也 垂之如墜 禮也)"

❸❹ 영가현각선사(永嘉玄覺禪師)의「영가증도가(永嘉證道歌)」에 다음과 같은 구절이 나온다. "하나의 달이 모든 물 위에 어려 있다. 모든 물 위에 어려 있는 그 많은 달은 하나의 달에서 비롯된 것이다.—(一月普現 一切水 一切水月一月攝)" 주희는 이 말을 인용하면서 다음과 같이 말한다. "불교의 말이 진실한 도리를 얼마간 엿보고 있다 —(這是邪釋氏 也 窺見得這些道理)" 『주자어류』「대학오혹문하(大學五或問下)」에 나온다. 영가현각선사는 배우지 않고 스스로 진리를 알았다고 하는, 당나라 때의 승려이다.

여기서 내가 '옥(玉)'이라고만 말하지 않고 '하나의 옥(一玉)'이라고 말하는 데는 이유가 있습니다. '달(月)'이라고만 말하지 않고 '하나의 달(一月)'이라고 말하는 데는 이유가 있습니다. 『중용』에서는 "작은 덕은 냇물처럼 흐르고 큰 덕은 하나의 근본으로서 변화를 두텁게 한다"❸❺고 말합니다. 또 송나라의 정이천은 『역전』에서 이렇게 말합니다. "세상의 이치는 하나이다. 길이 비록 다르다 하더라도 돌아가는 곳은 동일하다. 생각이 비록 백 가지라 하더라도 이르는 곳은 하나이다."❸❻ 나는 이들 세 군자의 일을 통해, 세 군자가 근본으로 삼은 하나의 큰 덕을 말하고자 하는 것입니다.

❸❺ 『중용(中庸)』「삼십장(三十章)」에 다음과 같은 말이 나온다. "작은 덕은 냇물처럼 흘러간다. 큰 덕은 변화를 두텁게 한다.—(小德川流 大德 敦化)" 이 구절에 대해 주희는 다음과 같이 풀이한다. "작은 덕은 전체가 나누어진 것이고 큰 덕은 만 가지 다른 것의 근본이다.—(小德者 全 體之分 大德者 萬殊之本)"

❸❻ 『주역』「계사전」에 다음과 같은 말이 나온다. "세상은 돌아가는 곳이 같아도 길은 다르다. 이르는 곳은 하나라도 생각은 백 가지이다.─(天下同歸而殊塗 一致而百慮)" 이 말에 대해 정이천은 『역전』「함괘(咸卦)」에서 다음과 같이 부연한다. "세상의 이치는 하나이다. 길이 비록 다르다 하더라도 돌아가는 곳은 동일하다. 생각이 비록 백 가지라 하더라도 이르는 곳은 하나이다. 모든 물건에는 만 가지 차이가 있고 모든 사건에는 만 가지 변화가 있다. 비록 그렇다 하더라도 하나로 그것을 통일하면 어길 수 없다.─(天下之理一也 塗雖殊而其歸則同 慮雖百而其致則一 雖物有萬殊 事有萬變 統之以一則無能違也)"

지난 열흘, 바다를 건너고 산을 넘었습니다. 장암 포구에서 이곳까지 삼백 리 길을 지나왔습니다.❸❼ 그리고 어제와 오늘 하루 사이에 세 군자의 흔적을 만나 보았습니다. 어제 섬진강을 내려오면서 정여창의 악양정과 한유한의 삽암을 다시 지나왔고, 오늘은 조지서의 삼장원동에 이르렀습니다.❸❽

❸❼ 조식이 삼가현 뇌룡사에서 진주목 정수역까지 이동한 거리를 추정해 보면 약 524리에 이른다. 그런데 조식 일행이 배를 탄 사천현 장암 포구에서부터 추정해 보면 약 350리에 이른다. (524리와 350리는 인터넷 지도의 도보 길찾기 기능 등을 활용해 계산해 본 것이다. 참고로, 조식 시대 사람들이 인식한 거리와 현재 도로를 기준으로 계산한 거리는, 생각만큼 큰 차이가 나지는 않는다.) 이에 이번 번역에서는 원문의 '삼백리(三百里)'가 장암 포구에서 정수역까지의 거리를 말하는 것으로 본다. 장암 포구는 조식 일행이 본격적으로 유람을 시작한 곳이다.

❸❽ 원문의 해산삼백리(海山三百里)에서 일일지간(一日之間)까지를 풀이한 것이다. 기존의 번역은 이 구절을 대략 "바다와 산 300리에서 세 군자의 자취를 하루 사이에 보았다"거나 "300리 길을 유람하였지만 오늘 하루 동안에 세 군자의 자취를 보았다"고 풀이한다. 그런데 이렇게만 풀이하면 "바다와 산 300리를 유람하는 열흘이 넘는 시간 동안 세 군자의 자취를 보았는데" 왜 '하루 사이에 보았다'고 말하는지 이해하기 어려운 부분이 있다. 이에 이번 번역에서는 '하루 사이에 보았다'는 구절을 "이전 날(23일) 낮부터 이날(24일) 저녁까지 보았다"는 뜻으로 풀이한다.

물을 보고 산을 보고 사람을 보고 세상을 보았습니다. 산 속에서 열흘 동안 물을 보고 산을 볼 때는 좋은 생각을 품었습니다. 그런데 어제 오늘 하루 동안 세상의 일을 보면서는 이 좋은 생각이 슬픔과 걱정으로 바뀌었습니다. 현명한 사람을 죽인 조정의 일들이 나를 괴롭혔습니다. 재상(宰相)은 도자기 돌림판을 돌리는 물레와 같이 정권을 잡고 나라를 움직이는 사람입니다.❸❾ 무엇보다도 인재를 가려 직책을 맡기는 책임을 가지고 있는 사람입니다.❹⓿ 그렇다면 나는 훗날의 재상이 악양정에서 정수역에 이르는 이 길로 와보기를 바랍니다. 이 길로 와서 현명한 사람들이 직책을 맡기는커녕 오히려 죽임을 당한 일에 대해 생각해 보기를 바랍니다. 나는 알 수 없습니다. 훗날의 재상은 이 길에서 무슨 생각을 할 수 있겠습니까?

❸❾ 재상(宰相)은 임금을 보좌하여 모든 관원을 지휘하는 자리에 있던 벼슬아치를 일컫는 말이다. 원문의 병균(秉鈞)은 재상이 정권을 잡는다는 뜻이다. 병균(秉鈞)의 균(鈞) 자는 도자기 돌림판을 돌리는 물레를 말한다.

❹⓿ 『근사록』「정사(政事)」편에 다음과 같은 말이 나온다. "인재를 가려 직책을 맡기는 것이 곧 재상의 일이다. 이는 낮은 지위에 있는 벼슬아치가 간여할 수 있는 일이 아니다. (擇人任職 乃宰相之事 非在下位者所可與矣)" 재상이라면 인재를 볼 줄 알아야 한다는 말이다.

산을 오를 때 살펴보니, 바위에 새겨 놓은 이름이 많았습니다. 하지만 세 군자의 이름은 어느 바위에도 새겨져 있지 않았습니다.❹❶ 그래도 이 세 군자의 이름은 장차 반드시 만 년 후까지 전해질 것입니다. 그렇다면 바위에 이름을 새기는 일이 어찌 만고의 역사를 바위로 삼는 것과 같을 수 있겠습니까?

❹ 삽암에는, 현재 모한대(慕韓臺)라는 글자가 새겨져 있다. '한유한을 그리워하는 대'라는 뜻이다. 하지만 조식이 이곳을 지날 때는 이 각자가 없었다. 이 글자는 조선 후기에 새겨진 것으로 보인다.

진주목사 김홍이 또 술과 음식을 보내 왔습니다. 요리사가 정수역의 역관에서 술과 음식을 준비해서 우리를 기다린 지 이미 사오 일이 지났다고 했습니다. 조지서의 증손서(曾孫壻)인 수재 조원우(曺元佑)❷가 와서 인사했습니다. 또 이정의 집안 사람인 생원 이을지(李乙枝)❸가 와서 인사했습니다. 날이 저문 이후에는 이을지의 아버지(嚴君)가 술을 가지고 찾아 왔습니다. 조지서의 손자인 조광후(趙光珝)❹ 또한 찾아 왔습니다.

❷ 조원우(曺元佑) : 조지서의 손자 조득유(趙得瑜)의 사위이다. 곧 조지서의 증손서(曾孫壻, 증손녀의 남편)이다. 진주목 삼장원동(三壯元洞)에 조지서의 묘비를 세우고 조지서를 널리 알리는 데 주도적 역할을 했다. 본관은 창녕(昌寧)이다. 자는 성보(聖輔), 호는 해산(海山)이다.

❸ 이을지(李乙枝) : 『임자사마방목(壬子司馬榜目, 1552년 사마시 합격자 목록)』1등 명단에 이름이 나온다. 진주목 거주자로 본관은 사천이다. 본관이 같은 이정(李楨)의 집안 사람으로 보인다.

❹ 조광후(趙光珝) : 조지서가 죽을 때 정씨 부인의 배 속에 있었던 조리(趙理)의 아들이다. 곧 조지서의 손자이다.

밤에는 정수역의 점막(郵店)❺에서 묵었습니다. 방 크기가 너무 작아서 겨우 말통(斗)만 했습니다. 한껏 허리를 구부리고 들어 갔는데 방에서는 편안하게 발을 펼 수도 없었습니다. 게다가 벽은 바람을 가리지도 못했습니다. 처음에는 답답하여 도저히 견딜 수 없을 것 같았습니다. 그러나 나중에는 네 사람이 머리와 베개를 주고받으며 잠이 들었습니다. 잠자리를 달게 여기며 밤을 보냈습니다. 그렇다면 무엇인가를 익히고 탐내서 익숙해지는 일의 이치를 알 수 있습니다. 위로 올라가다가도 잠깐 사이에 종종걸음 쳐서 아래로 내려갑니다. 익숙해지기 전에도 같은 사람이고 익숙해진 이후에도 같은 사람입니다. 위로 올라갔을 때도 같은 사람이고 아래로 내려간 이후에도 같은 사람입니다.

❹❺ 점막은 원문의 우점(郵店)을 풀이한 것이다. 우점의 우(郵)는 역(驛), 참(站), 역참(驛站), 우역(郵驛), 역원(驛院) 등과 같은 뜻으로 쓰인다. 우(郵) 자는 공문서 전달을 뜻하는 글자이다. 또 역(驛) 자는 역말 제공, 참(站) 자는 휴식 부여, 원(院) 자는 숙박을 뜻하는 글자이다. 점(店)은 민간 여행자들에게 숙식을 제공하는 사설 여관을 말한다. 점막(店幕)이라고도 한다.

이전에 청학동에 들어갔을 때는 곤륜산(崑崙山) 중턱의 낭풍(閬風)❹❻이라도 들어간 것 같았습니다. 하지만 이런 일조차 오히려 만족스럽지 못했습니다. 아직 곤륜산 꼭대기의 천정(天庭)에는 이르지 못했다고 여겼기 때문입니다. 또 신응동에 들어갔을 때는 서왕모가 사는 요지(瑤池)에서 잔치라도 벌이는 것 같았습니다. 하지만 또한 이런 일조차 오히려 만족스럽지 못했습니다. 이에 다시 은하수를 넘어 하늘에서 가장 높은 청소(靑霄)❹❼로 올라가고 싶어 했습니다. 또 학을 타고 하늘로 솟구쳐 올라가고❹❽ 싶어 했습니다. 문득 이 풍진 세상으로는 다시 내려오려고 하지 않았습니다.

❹❻ 곤륜산에는 세 개의 단계가 있는데 이 가운데 두 번째 단계에 해당하는 곳이다. 『수경주(水經注)』 「하수(河水)」편에 다음과 같은 말이 나온다. "곤륜산은 세 개의 단계가 있다. 맨 아래는 번동으로 일명 판송이라고도 한다. 두 번째는 현포로 일명 낭풍이라고도 한다. 세 번째는 층성으로 천정이라고도 한다. 이곳이 하늘 황제의 거처이다.—(崑崙之山三級 下曰樊桐 一名板松 二曰玄圃 一名閬風 三曰層城 一名天庭 是爲太帝之居)"『수경주』는 남북조시대 북위(北魏)의 지리학자 역도

원(酈道元)이 쓴 책이다.

❹ 청소(靑霄)는 가장 높은 하늘인 구소(九霄) 중 하나이다. 구소는 구천(九天), 천정(天庭)과도 통하는 말이다.

❹ 남북조시대 동진(東晉)의 손작(孫綽)이 쓴 「유천태산부(遊天台山賦)」에 다음과 같은 구절이 나온다. "신선 왕교는 학을 타고 하늘로 솟구쳐 오르고, 도사 응진은 돌 지팡이를 날려 허공을 밟고 다닌다.―(王喬控鶴以沖天 應真飛錫以躡虛)" 소식(蘇軾)의 「전적벽부(前赤壁賦)」에 다음과 같은 구절이 나온다. "호연한 기상은 마치 허공에 의지하여 바람을 타고 가는 듯하다. 그 머무를 곳을 모른다. 표연한 마음은 속세를 버리고 홀로 서 있는 듯하다. 학처럼 날개가 돋아 신선의 세상으로 올라간다.―(浩浩乎如憑虛御風 而不知其所止 飄飄乎如遺世獨立 羽化而登仙)" 또 주희의 「재거감흥이십수(齋居感興二十首)」에 다음과 같은 구절이 나온다. "삼 년 동안 신선의 약을 만들어서 약숟가락 한번 입에 넣으면 환한 대낮에도 날개가 돋는다. 나도 이러한 길을 따르고자 한다면 신발을 벗고 하늘을 날아다니는 일 진실로 어렵지 않을 것이다. 다만 하늘의 도를 거스르는 것이 두렵다. 죽어야 마땅할 때 죽지 않고 구차하게 삶을 부지한다면 어찌 편안할 수 있겠는가?―(三年養神丹 刀圭一入口 白日生羽翰 我欲徃從之 脱屣謀非難 但恐逆天道 偷生詎能安)"

그런데 이때에 이르러 정수역에서는 땅강아지가 구멍을 파서 만든 것 같은 방에서 몸을 굽히고 자야 했습니다. 하지만 또한 오히려 자신의 분수를 달게 여겼습니다.

『중용』에서는 "현명한 사람은 자신의 현재 처지에 따라 행동할 뿐 다른 것을 원하지 않는다"❹고 말합니다. 낮은 자리에 있어도 가난함과 빈천함을 걱정하지 않고 높은 자리에 있으면 도를 실행한다는 것입니다.❺ 청학동과 신응동에서 하늘로 솟구치고 싶어 했던 일이나 정수역에서 말통만한 잠자리를 달게 여겼던 일은 모두 그때의 처지를 편안하게 여긴 것이었습니다. 그러나 이 말이 무엇인가를 기르는(養)❺ 일에서도 현재의 처지를 편안하게 여겨야 한다는 말은 아닙니다. 자신을 기르는 바는 높지 않아서는 안됩니다. 처신하는 바는 작고 낮아서는 안됩니다. 말인즉슨, 기르는 바가 높아야 말통만한 잠자리도 달게 여길 수 있는 것입니다. 또한 이와 같은 일을 통해, 선한 행동은 익히는 습관으로부터 말미암고 악한 행동은 탐내는 습관으로부터 말미암는다는 점도 알 수 있습니다.

❹ 『중용(中庸)』「십사장(十四章)」에 이와 같은 말이 나온다. "―(君子 素其位而行 不願乎其外)"

❺ 소위이안(素位而安)을 풀이한 것이다. 『근사록집해』「출처(出處)」편에 나음과 같은 말이 나온다. "현명한 사람은 자신의 현재 처지에 따라 행동한다. 출세하지 못해 낮은 자리에 있어도 처음부터 가난함과 비천함에 대한 걱정은 없다. 이름이 드러나 높은 자리에 있으면 장차 도를 실행하고자 하는 뜻을 이룬다.―(賢者 素其位而行 窮而在下 初無貧賤之憂 達而在上 將遂行道之志)"

❺ 『맹자』「진심(盡心)」에 다음과 같은 말이 나온다. "마음을 기르는 데는 욕심을 적게 하는 것보다 좋은 것이 없다. 그 사람됨이 욕심이 적으면 비록 마음을 보존하지 못한다 하더라도 그럴 일이 적다. 그 사람됨이 욕심이 많으면 비록 마음을 보존한다 하더라도 그럴 일이 적다.―(養心莫善於寡欲 其爲人也寡欲 雖有不存焉者 寡矣 其爲人也多欲 雖有存焉者 寡矣)"

위를 향해 가는 사람도 이 사람이고, 아래를 향해 종종걸음치며 내려가는 사람도 또한 이 사람입니다. 이는 단지 발을 한 번 들어 올려 어디로 내딛는가 하는 차이일 뿐입니다.

剛而酌酒持滿曰
此別寧有說乎
擊目忘言
果有是也
眾皆忘言遽上馬去

㉕㉛㉕㈰
──
爲朝飯于驛館者
各欲散去
黯然疚懷
暫許少頃留連也

寅叔居漢城
剛而歸泗川
愚翁歸草溪
植居嘉樹
泓之居三山
行年
五十六十近七十
各在
數百里五百里
近千里
他日盍簪
正似難期
寧不慨然惜別乎

到七松亭
登上高臺
舟渡多會灘
寅叔沿江而下
剛而更到一里而別
吾與愚翁
踽踽而來
茫然已失之矣
夕宿雷龍舍
又別愚翁

弦矢初分
落落晨星
當此沈懷
正似春女然
諸君以余頻入頭流
因知山間事者也
令余記之
余嘗往來茲山
曾入德山洞者三

入靑鶴神凝洞者三　　諸君
入龍遊洞者三　　　　皆是失路之人
入白雲洞者一　　　　何但僕栖栖
入獐項洞者一　　　　無所歸耶

豈直爲貪山貪水　　　祗爲沈酩者先道之
而往來不憚煩也　　　爲副封焉
百年齋計
唯欲借得華山一半　　南冥
以作終老之地已　　　曺植楗仲
事與心違　　　　　　記
知不得住
徘徊顧慮
涕洟而出
如是者十矣

於今匏繫田舍
作一行屍
此行又是難再之行
寧不悒悒
嘗有詩曰
頭流十破黃牛脇
嘉樹三巢寒鵲居
又曰
全身百計都爲謬
方丈於今已背盟

신세로
박덩굴같은

㉓㉚㉤㊐
벗들과 이별하다

———

정수역 역관에서 아침을 먹었습니다. 이제 각자 사는 곳으로 흩어져 돌아가야 했습니다. 아침 날빛은 밝았지만 우리의 얼굴빛은 어둑어둑했습니다. 마음 한쪽이 텅 빈 것처럼 서운했습니다. 다들 머뭇머뭇거리면서 서로를 바라보았습니다. 나의 매형 이공량은 서울에 집을 가지고 있습니다. 청주목사를 지낸 이정은 사천현으로 돌아가는데 언제 또 다시 다른 고을의 수령으로 떠날지 모릅니다. 고령현감을 지낸 이희안은 초계군으로 돌아갑니다. 나는 '나무가 아름다운 삼가현'❶에 살고 있습니다. 진주목사 김홍은 진주목에 와 있지만 원래는 충청도 보은현❷ 사람입니다. 다들 나이가 쉰 살이 넘었습니다. 예순 살이 넘은 이도 있고 일흔 살에 가까운 이도 있습니다. 각자가 사는 곳이 이삼백 리, 오백 리, 일천 리까지도 떨어져 있습니다.

❶ 가수현(嘉樹縣)을 풀이한 것이다. 조식이 살았던 삼가현 토동은 고려시대까지 가수현(嘉樹縣)에 속하는 곳이었다. 조선 태종 때 이 가수현을 북쪽의 삼기현(三歧縣)과 통합하면서 삼가현(三嘉縣)으로 부르기 시작했다. 하지만 가수현이라는 명칭은 조식의 시대에도 종종 쓰였다. 가수현은 가수현(嘉壽縣)이라고도 쓰는데 조식이 가수현(嘉樹縣)이라고 쓴 것은 '나무가 아름답다'는 뜻을 드러내고 싶어서였을 듯하다.

❷ 원문의 삼산(三山)은 충청도 보은현을 말한다. 삼산은 곧 지아비 산인 속리산(俗離山), 지어미 산인 구병산(九屛山), 아들 산인 금적산(金積山)을 가리킨다.

『주역』에서는 "비녀를 꽂으면 머리카락이 한 곳으로 모이듯, 벗들이 모인다"고 말합니다.❸ 하지만 우리의 나이와 우리가 사는 곳을 생각해 보면, 우리가 훗날 다시 만날 일은 정말로 기대하기 어렵습니다. 어찌 이별을 아쉬워하지 않을 수 있었겠습니까? 어찌 슬퍼하는 모습을 보이지 않을 수 있었겠습니까? 이정이 술잔에 술을 가득 붓고는 말했습니다. "이 이별에 무슨 할 말이 있겠습니까? '눈을 마주보며 한참 동안 할 말을 잊는다'❹는 말이 과연 이것일 듯합니다." 우리는 모두 말을 잊었습니다. 그리고 차마 떨어지지 않는 발걸음을 떼어 말에 올랐습니다.

❸ 합잠(盍簪)을 풀이한 것이다. 『주역』「예괘(豫卦)」에 다음과 같은 말이 나온다. "말미암아 즐거움으로 크게 얻음이 있다. 의심이 없도록 하면 벗들이 모인다.―(由豫 大有得 勿疑 朋盍簪)" 여기서 합잠은 비녀를 꽂으면 머리카락이 모이는 것처럼 벗들이 모인다는 뜻이다.

❹ 격목망언(擊目忘言)을 풀이한 것이다. 이 구절은 고려 예종 때의 문인 곽여(郭輿)가 벗 이자현에게 준 시「청평산의 벗 이자현에게(贈淸平李居士)」에 나온다. "흰 구름이 골짜기에 들어오니 더러움이란 없고, 밝은 달이 시내를 만나니 티끌 세상에 물들 일 없다. 눈을 마주보며 한참 동안 할 말을 잊는다. 담박하게 서로를 비추는 두 사람의 옛 정신.―(浮雲入洞會無累 明月當溪不染塵 擊目忘言良久處 淡然相照舊精神)" 이 시는 조선시대의 유학자들이 즐겨 읽은 『동문선(東文選)』에 실려 있다.

덕천강 언덕 위의 칠송정(七松亭)❺에 이르러 상고대(上高臺)에 올랐습니다. 배를 타고 다회탄(多會灘)❻을 건넜습니다. 이공량은 대여촌 가방의 집으로 가기 위해 덕천강을 따라 아래로 내려갔습니다.❼ 사천현에 사는 이정은 다시 한 마장 쯤 더 가서 이별했습니다.❽ 초계군에 사는 이희안만은 나와 방향이 같아서 계속 함께 갔습니다. 하지만 우리의 마음은 쓸쓸하기만 했습니다. 『시경(詩經)』❾에는 이런 말이 나옵니다. "홀로 걷는 길이 외롭고 외롭습니다. 어찌 다른 사람이 없겠습니까? 그래도 나의 형제만은 못합니다." 벗들과 헤어져 길을 가는 우리의 마음이 이와 같았습니다. 정신이 흐리멍덩한 것이 마치 그 형제를 잃기라도 한 것 같았습니다. 나와 함께 삼가현까지 온 이희안은 뇌룡사에서 자고, 그 다음날 다시 초계군으로 떠났습니다.

❺ 칠송정(七松亭)은 현재의 하동군 옥종면 대곡리 칠송보(七松洑) 남쪽 제방 부근에 있었던 듯하다. 조식의 시대에는 덕천강 가운데인 이곳에 작은 언덕이 있었다고 한다. 조지서의 아들 조정(趙珵)이 이곳에 칠송정을 지었다.

❻ 다회탄(多會灘)은 현재의 하동군 옥종면 대곡리 덕천강에 있었던 여울인 듯하다. 칠송보와 창촌교 사이쯤이었을 것으로 보인다.

❼ 이공량은 진주목 대여촌 가방에도 집이 있었고 서울에도 집이 있었다. 이에 진주목과 서울을 오가며 생활했다. 이때 덕천강을 따라 아래로 내려간 것은 대여촌 가방의 집으로 가기 위해서였을 듯하다.

❽ 이정은 진주목 동남쪽의 사천현 구암리에 살았으므로 굳이 진주목 서남쪽의 하동현으로부터 진주목 서북쪽의 칠송정까지 올 필요는 없었을 것이다. 적어도 이공량이 진주목 동쪽의 가방으로 떠날 때는 함께 가는 것이 이동 거리를 줄이는 일이었을 것이다. 여기에는 아마도 뭔가 다른 이유가 있었을 듯하다.

❾ 『시경(詩經)』「체두(杕杜)」편에 다음과 같은 구절이 나온다. "아가위 나무가 우두커니 서 있습니다. 그 잎이 더부룩합니다. 홀로 걷는 길이 외롭고 외롭습니다. 어찌 다른 사람이 없겠습니까? 그래도 나의 형제만은 못합니다.一(有杕之杜 其葉湑湑 獨行踽踽 豈無他人 不如我同父)"

벗들이 떠나는 것이, 화살이 막 활시위를 떠날 때처럼 빠르기만 했습니다. 당나라 시인 유우석(劉禹錫)❿은 먼 곳의 벗들을 생각하며 이렇게 읊었습니다. "우리가 젊었을 때는 옷소매를 잇닿도록 하여 이 골목 저 골목을 걸었습니다. 말머리를 가지런히 하여 이 거리 저 거리를 달렸습니다. 나란히 쏘다니는 우리의 모습은 마치 다닥다닥 붙은 병풍과도 같았습니다. 그런데 지금은 멀리 떨어져 있는 것이 마치 새벽 별이 서로를 바라보는 것만 같습니다."⓫ 벗들이 떠난 후 내 마음도 이와 다르지 않았습니다. 어수선하고 싱숭생숭했습니다. 정말로 봄 여인의 마음만 같았습니다.

❿ 유우석(劉禹錫) 772—842 : 당(唐)나라 때의 시인이다. 감찰어사, 낭주사마(朗州司馬), 연주자사(連州刺使), 태자빈객(太子賓客) 등 중앙과 지방의 관직을 역임했다. 유종원(柳宗元)과 함께 정치 개혁을 시도했으나 실패했다. 백낙천(白樂天)과 교유했다. 자는 몽득(夢得)이다.『유몽득문집(劉夢得文集)』,『유빈객집(劉賓客集)』등이 있다.

⓫ 유우석(劉禹錫)의「과거를 보러 가는 장관을 전송하는 시 서문(送張盥赴擧詩序)」에 이와 같은 구절이 나온다. "—(當其盛時 聯袂齊鑣 亘絶九衢 若屛風然 今來落落 如晨星之相望)" 곧 낙락신성(落落晨星)을 풀이한 것이다. 낙락신성은 '금래낙락여신성지상망(今來落落如晨星之相望)'을 줄인 것이다.

여러 사람들이 나에게 이번 지리산 유람에 대해 기록해 주기를 청했습니다. 내가 자주 지리산에 들어가 보아서 산에서 있었던 일을 잘 알 것이라고 여겼기 때문입니다. 나는 일찍부터 이곳 지리산을 왕래했습니다. 양당촌(兩堂村) 덕산동(德山洞)⓬에 다녀온 것이 세 번이었고, 이번에 유람한 청학동과 신응동에 다녀온 것이 세 번이었습니다. 청암산(靑巖山) 용유동(龍遊洞)⓭에 다녀온 것이 또한 세 번이었습니다. 바위가 밝은 백운동(白

雲洞)❹에도 한번 다녀왔고, 삼장천(三壯川)이 흐르는 장항동
(獐項洞)❺에도 한번 다녀왔습니다.

❷ 현재의 산청군 시천면 사리 일대를 말한다. 지리산 천왕봉 동쪽, 살천
(薩川)과 삼장천(三壯川)이 양당촌(兩堂村)에서 합류하면서 덕천(德川)
을 이루는 곳이다. 『진양지』에 "삼장천이 양당촌 앞에서 합치는데 이곳
이 덕천이다 ㅡ(三壯川 合于養堂村前 是爲德川)"라는 구절이 나온다.

❸ 용유동(龍遊洞)은 현재의 하동군 청암면 하동호 일대를 말하는 것으로
보인다. 『진양지』에 다음과 같은 내용이 나온다. "용유동은 전두리 서
쪽 청암산에 있다. 골짜기가 깊숙하며 바위와 물이 기이하고 아름답다.
조식이 `유두류록´에서 〝용유동에 세 번 다녀왔다〟고 말할 때의 용유
동이 이곳이다.ㅡ(龍遊洞 在田頭里西靑巖山 洞天深邃泉石奇麗 南冥
頭流錄 所謂入龍游洞者三 此也)" 이 구절에서 청암산은 현재의 횡천
강 골짜기를 둘러싼 산을 가리킨다. 그러나 현재의 함양군 휴천면 용유
담 일대의 임천(瀶川) 골짜기를 조식이 말한 용유동으로 보는 주장도
있다.

❹ 현재의 산청군 단성면 백운리 백운동(白雲洞) 계곡을 말한다. 이곳은
조선시대의 유학자들 사이에서 바위가 희고 물이 맑은 곳으로 유명했
다. 조식은 이 『유두류록』을 쓴 이후 두 번 더 백운동에 다녀갔다. 이에
이곳을 '조식이 세 번 다녀간' 곳이라 하여 '삼유(三遊)'동이라 부르기도
한다.

❺ 장항동(獐項洞)은 현재의 산청군 삼장면 대원사 계곡을 말한다. 『진양
지』에 다음과 같은 내용이 나온다. "장항동은 삼장리 탑동 서쪽의 골짜
기 입구에 있다. 골짜기가 그윽하고 깊어 삼십여 리 쯤 된다. 냇물과 바
위가 기이하고 험하다. 산 속에서 매우 빼어난 곳이다.ㅡ(獐項洞 在三
莊里塔洞西谷口 幽深可三十餘里 石泉奇險 山中之尤絕處也)"

그러나 내가 이처럼 여러 번 지리산을 다녀온 일이 어찌 다만 산
을 탐내고 물을 탐내서였겠습니까? 내가 지리산을 다녀온 일은
신선과 어울리기 위해서도 아니었고 세상을 등지고 아예 숨어버
리기 위해서도 아니었습니다.❻ 내가 이런저런 번거로움을 꺼려
하지 않고 지리산을 다녀온 일은 다른 까닭이 있어서입니다. 나

는 이미 오래 전부터 화산(華山)❶과도 같은 지리산 한 모퉁이를 얻으려는 계획을 가지고 있었습니다.❶ 이로써 어지러운 세상을 피해 늙은 몸을 마무리할 거처로 삼고자 했던 것입니다. 그러나 세상일이라는 것이 마음대로 되지는 않는 법입니다. 이에 더 머물 수 없음을 알고 머뭇머뭇거리고 어정어정거리다가, 또 이리 저리 헤아려보다가 눈물을 쏟으며 돌아 나오곤 했습니다. 그리고 이렇게 돌아 나온 것이 이제는 열 번이 넘었습니다.

❶ 이 유람기를 통해 조식은 신선의 모습을 꿈꾸는 듯한 모습을 보여준다. 하지만 조식은 다만 사사로운 욕심을 끊고 마음을 닦고자 하는 것일 뿐이다. 조식은 칠언시 「청학동(靑鶴洞)」에서 이렇게 읊는다. "한 마리 학이 구름을 뚫고 하늘로 올라갑니다. 하나의 물줄기는 구슬을 굴려 인간 세상으로 내려갑니다. 종래는 알았습니다. 얽매임 없는 것이 도리어 얽매임이 됩니다. 잘못 없는 것이 도리어 잘못이 됩니다. 마음 깊은 곳의 산과 물은 지금껏 보지 못했던 것을 말해줍니다.─(獨鶴穿雲歸上界 一溪流玉走人間 從知無累翻爲累 心地山河語不看)"

❶ 화산(華山)은 중국의 오악(五岳) 중 하나이다. 곧 서악(西岳)이다. 오악 중에서 가장 험하다. 여러 신선이 사는 곳으로 알려져 있다. 중국 섬서성(陝西省) 동쪽에 있다. 그 북쪽으로 황하가 흐른다. 태화산(太華山)이라고도 한다. 조식은 이 유람기에서 불일폭포에 대해 묘사하면서 '거령(巨靈)'이 그 밑에 살고 있는 듯하다고 했다. 이 거령은 화산을 둘로 갈라 태화산과 소화산으로 만든 신이다.

❶ 조식은 이로부터 3년 후에 이 계획을 실행한다. 예순한 살 때인 1561년 양당촌 덕산동으로 거처를 옮기는 것이다. 그리고 천왕봉이 바라다 보이는 덕천강 옆에 산천재(山天齋)와 살림집을 짓고 일생의 마지막을 보낸다.

공자는 스스로 "내가 어찌 한곳에만 매달려 있는 박덩굴(匏瓜)이겠는가?"❶라는 말을 한 적이 있습니다. 뜻을 펼치지 못하는 자신의 처지를 박덩굴에 비유하여 말한 것이었습니다. 쌍계사의 「진감선사비」에도 자신을 박덩굴에 비유하는 진감선사(眞鑑禪師)의 말이 있었습니다. "내가 어찌 한곳에만 매달려 있는 박덩굴과 같겠는가? 내가 어찌 박덩굴처럼 한창 나이에 이전 삶의 자취에 정체되어 있겠는가?⓴ 그런데 지금의 나는 박덩굴 (匏瓜)과도 같은 모습으로 농막에 매달려 있습니다. 지리산 한 모퉁이로 들어가고자 하는 뜻을 이루지 못한 채 삼가현에서 움 직이지 못하고 시간만 축내고 있는 것입니다. "사람이 배우지 않으면 몸은 살아 있더라도 걸어 다니는 시체와 다를 바 없다" 는 옛말이 있습니다.⓱ 또한 지금의 내 처지를 나타내는 말로 이 보다 더 어울리는 것이 없을 듯합니다.

⓳ 포계(匏繫)는 흔히 '아무 쓸모도 없는 사람'을 뜻하는 말로 쓰인다. 『논 어』「양화(陽貨)」편에 다음과 같은 공자의 말이 나온다. "내가 어찌 박 덩굴이겠는가? 내가 어찌 한곳에만 매달려서 아무것도 먹지 않을 수 있 겠는가?―(吾豈匏瓜也哉 焉能繫而不食)" 조식은 여기서 '지리산으로 들어가려는 계획은 실천하지 못하는 자신'을 한탄하는 뜻으로 이 말을 쓴다.

⓴ 최치원이 쓴 쌍계사의 「진감선사비」에 다음과 같이 진감선사의 말을 인용하는 구절이 나온다. "소리도 없고 형체도 없는 뜻을 어찌 마음으 로 구하지 않겠는가? 내가 어찌 한곳에만 매달려 있는 박덩굴과 같겠는 가? 내가 어찌 한창 나이에 이전 삶의 자취에 정체되어 있을 것인가?― (希微之旨 盍以心求 吾豈匏瓜壯齡滯跡)" 여기서 소리도 없고 형체도 없는 뜻이란 '도의 심오함' 곧 진리를 말한다.

⓱ 옛말은 다음과 같다. "사람이 학문을 좋아하면 몸은 죽더라도 영혼은 살아 있는 것과 같다. 사람이 배우지 않으면 몸은 살아 있더라도 영혼 은 죽은 것과 같다. 그러므로 이를 걸어다니는 시체라고 하고 뛰어다니 는 고깃덩어리라고 일컫는다.―(夫人好學 雖死若存 不學者 雖存 謂之 行屍走肉耳)" 『습유기(拾遺記)』에 나온다.

더욱이 이번 지리산 유람은 한 번 더 가기는 힘들지 않을까 싶 은, 어려운 발걸음이었습니다. 어찌 애가 타지 않겠습니까?

일찍이 나는 지리산에서 거처를 찾은 일에 대해 이렇게 읊은 적이 있습니다. "지리산에서도 황소 갈비뼈와도 같은 골짜기를 여남은 번 오르내렸습니다.❷❷ 하지만 지리산에는 거처를 구하지 못하고 삼가현에만 세 번 집을 지었습니다.❷❸ 그리고 겨울이 와도 둥지를 떠나지 못하는 까치처럼 살고 있습니다."『시경』에서는 "까치가 둥지를 지으면 비둘기가 와서 산다"❷❹고 말합니다. 이에 나는 나 자신의 처지를 까치에 비유해 말했던 것입니다. 나는 또 이렇게 읊었습니다. "몸을 보전하려는 여러 가지 계획이 모두 어긋나고 말았습니다. 지리산은 지금 이미 작은 방 한 칸을 얻으려는 내 맹세를 등지고 말았습니다."

❷❷ 원문의 황우협(黃牛脇)은 황우협(黃牛峽)을 염두에 두고 쓴 표현으로 보인다. 황우협(黃牛峽)은 중국 장강(長江)에 있는 협곡인데 그 모습이 황소처럼 생겼고, 물살이 거센 것으로 유명하다. 여기에서 조식은 자신이 찾은 두류산 골짜기의 모습이 황소 갈비뼈를 닮았고 물살이 거세다는 점을 나타내기 위해 황우협(黃牛脇)이라는 표현을 쓰는 것이다. 이 구절은 조식의 시「정사룡이 사미정에 쓴 시의 운자를 따라(次湖陰題四美亭韻同題)」에 나온다.

❷❸ 가수삼소(嘉樹三巢)를 풀이한 것이다. 삼가현에 세 번 집을 지었다는 것은, 조식이 세 차례에 걸쳐 삼가현에 살았다는 의미를 담고 있다. 조식은 삼가현에서 태어나서 육칠 세 때까지 살았다. 이후 아버지 상을 당한 26세 때부터 30세 때까지 삼가현에 살았다. 그리고 어머니 상을 당한 45세 때부터『유두류록』을 쓴 이때까지 다시 삼가현에 살고 있었다. 기존의 번역 중에는 가수삼소(嘉樹三巢)를 '좋은 나무 세 둥지'라고 풀이한 경우도 있다. 가수라는 말을 중의적 표현으로 본 것이다.

❷❹ 『시경』「작소(鵲巢)」에 이와 같은 구절이 나온다. "―(維鵲有巢 維鳩居之)"

당나라 시인 왕발(王勃)❷❺은 "부평초와 같은 사람들이 서로 만났으니 누가 이 길 잃은 사람들을 슬퍼해 주겠는가?"❷❻라고 읊은 적이 있습니다. 아닌 게 아니라 우리는 모두 길 잃은 사람들입니다. 어찌 나만 세상일을 잊지 못하고 정처 없이 사방을 떠돌아다니는 사람❷이라고 할 수 있겠습니까? 어찌 나만 돌아갈 곳이 없는 사람이라고 할 수 있겠습니까?

❷ 왕발(王勃) 650—676 : 당나라 때의 요절한 천재 시인이다. 귀족적이며 유미주의적인 남북조시대의 시풍에서 벗어나 인간과 사회에 대한 관심을 표출하는 시를 쓰기 시작했다. 이로써 당나라 시의 선구자라는 평가를 듣는다. 초당사걸(初唐四傑)로 일컬어질 만큼 천재적인 재능을 가지고 있었다. 이미 15세에 벼슬에 나아갔다. 하지만 27세 때 아버지를 만나러 가던 도중 바다에 빠져 숨졌다. 자는 자안(子安)이다.

❷ 왕발(王勃)의 「등왕각 연회에서 지은 시의 서문(滕王閣序)」에 다음과 같은 구절이 나온다. "고향으로 가는 산은 넘기 어렵다는데 누가 이 길 잃은 사람들을 슬퍼해 주겠는가? 부평초와도 같은 사람들이 서로 만났으나 모두가 우연히 만난 타향의 길손들일 뿐이다.—(關山難越 誰悲失路之人 萍水相逢 盡是他鄕之客)" 「등왕각 연회에서 지은 시의 서문」은 『고문진보』에 나온다.

❷ 서서(栖栖)를 풀이한 것이다. 『논어』 「헌문(憲問)」편에 다음과 같은 말이 나온다. "미생묘가 공자에게 물었습니다. ˹그대는 어찌하여 이토록 연연해하는 것입니까? 말을 잘해 남의 환심을 사려는 것이 아닙니까?˼ 그러자 공자가 대답했습니다. ˹감히 말을 잘하려는 것이 아닙니다. 다만 고집불통을 미워할 뿐입니다.˼ —(微生畝 謂孔子曰 丘何爲是栖栖者與 無乃爲佞乎 孔子曰 非敢爲佞也 疾固也)" 이로부터 서서(栖栖)는 보통 "정처없이 사방을 떠돌아다닌다"는 뜻으로 풀이한다. 그런데 주희는 이를 "세상을 잊지 못한다"는 뜻으로 풀이한다. 조식은 아마도 서서(栖栖)라는 표현 속에 이 두 가지 의미를 함께 담고자 했을 듯하다.

다만 술에 취해 아무것도 아는 것이 없는 사람으로서 이 일에 대해 앞서 말할 뿐입니다. 함께 유람한 벗들에게 이 글을 먼저 보냅니다. 검토한 후에 합당하지 못한 내용이 있으면 알려 주십시오.❷ 남명(南冥)이라는 호와 건중(楗中)이라는 자(字)를 가진 조식이 씁니다.

❷❽ 부봉(副封)을 풀이한 것이다. 부봉은 상소문의 원본이 아닌 복사본을 말한다. 한나라 때 상소문을 올릴 때 원봉(元封)과 부봉을 작성해 올리면 상서원에서 먼저 부봉을 뜯어서 검토했다. 상서원은 상소문이 올릴 만한 글이 아니라고 판단하면 원봉을 다시 돌려주었다. 조식은 유람을 함께한 벗들에게 자신이 쓴 『유두류록』을 먼저 검토해 보라는 뜻을 나타내기 위한 겸사로서, 이 말을 쓴 것이다.

일반적인
관행에 따라
풀이합니다!

축어(逐語) 번역
유두류록

무오년(1558년) 사월, 초여름의 일입니다. 나는 진주목사로 있는 김홍(金泓), 수재 이공량(李公亮), 고령현감을 지낸 이희안(李希顔), 청주목사를 지낸 이정(李楨) 등의 벗들과 함께 지리산을 유람했습니다. 지리산을 유람하면서는 나이를 귀하게 여기고 관직의 위계를 높이지는 않았습니다. 술잔을 들거나 앉는 자리를 정할 때에는 대체로 나이를 기준으로 순서를 정했습니다. 하지만 간혹 이와 같이 하지 않는 경우도 없지는 않습니다.

초열흘 이희안이 초계군에서 내가 있는 뇌룡사(雷龍舍)로 왔습니다. 함께 묵었습니다.

⊕ ⊝ 日

계부당(鷄伏堂)에서 아침을 먹었습니다. 유람 길에 올랐습니다. 내 동생 조환(曺桓)이 따라나섰습니다. 유생 원우석(元右釋)은 일찍이 승려가 되었다가 환속한 사람인데 영특하고 재주가 많으며 노래를 잘 불렀습니다. 이에 그를 불러서 함께 가기로 했습니다.

문을 나서 겨우 이삼십 걸음 정도 갔을 때였습니다. 작은 아이가 앞으로 달려와 말했습니다. "도망친 노비를 뒤쫓고 있습니다. 바로 이 길 아래에 있는데 아직 잡지 못했습니다." 이희안이 구종하인 너댓 명을 재빠르게 지휘하여 도망친 노비들을 좌우로 포위하도록 했습니다. 잠시 후에 결박당한 노비들이 말 머리 앞으로 끌려 왔습니다. 노비들은 남자와 여자 여덟 명이었습니다.

다시 말을 채찍질하여 길을 떠났습니다. 그리고 함께 한숨을 쉬며 말했습니다. "우연히 손을 쓴 일이었습니다. 그런데 누군가는 원한으로 생각할 것이고 누군가는 은덕으로 생각할 것입니다. 이것은 도대체 어떤 조물주가 제멋대로 만든 일이란 말입니까?" 나는 다시 마음속으로 탄식하면서 이렇게 말했습니다. "그대는 손을 소매 안에 넣고 오십 년을 보냈습니다. 그러므로 주먹이 마치 메주 덩어리와 같을 듯합니다. 설령 그렇다 하더라도 아직 서쪽 변방의 땅 천만 리를 정복할 수는 없었을 것입니다. 하지만 오히려 도망친 노비들을 잡는 일에 있어서는 한번 숨을 들이쉬는 사이에 방책과 계략을 세워 구종 하인들을 지휘했습니다. 그대는 '주먹왕'이라 할 만합니다." 이에 우리는 서로를 납득시키고 길을 떠났습니다.

저녁 무렵 진주목에 닿았습니다. 일찍이 김홍과 약속하기를, 사천현 부근에서 배를 타고 섬진강(蟾津江)을 거슬러 올라 쌍계사로 들어가자고 했습니다.

말고개에서 우연히 종사관 이준민(李俊民)을 만났습니다. 이준민은 호남 쪽으로부터 그 부모님을 뵈러 오는 중이었습니다. 그 부모님은 곧 이공량입니다. 김홍이 차사원으로 출장을 나갔다는 말을 전해 들었습니다. 그래서 발길을 돌려 이공량의 집으로 갔습니다. 이공량은 나의 매형입니다.

큰 비가 내렸습니다. 김홍이 "좀 더 머물러 있었으면 좋겠다"는 내용의 편지를 보내 왔습니다. 아울러 사람을 시켜 우리 일행의 숙식을 살펴 주었습니다.

김홍이 이공량의 집으로 왔습니다. 김홍은 소를 잡아 음식을 장만하도록 했습니다. 악공들까지 불러 음악을 연주하도록 했습니다. 이희안과 김홍과 이준민이 활쏘기 실력을 겨루었습니다. 다들 실컷 술을 마신 후 자리를 마무리했습니다.

十四 日

이공량과 함께 이정의 집에서 묵었습니다. 이정은 우리를 위해 전도면, 예락재, 하어회, 백황단자, 청단유고병 등을 준비해 주었습니다.

十五 日

이정과 함께 장암(場巖) 포구로 향했습니다. 이정의 서제 이백(李栢)도 따라 나섰습니다. 장암 포구로 가기 전에 먼저 쾌재정(快哉亭)에 올랐습니다. 쾌재정은 예전에 훈련원도정을 지낸 장군 이순(李珣)이 지은 정자입니다. 잠시 후에 김홍의 형 김경(金涇)과 김홍의 아들 김사성(金思誠)이 잇달아 올라왔습니다. 그 꼬리를 물고 김홍 또한 올라왔습니다.

얼마 지나지 않아 사천현감 노극수가 고을 수령으로서 찾아와 인사했습니다. 노극수는 작은 술상을 차려 내놓았습니다. 모두 함께 큰 함선에 올랐습니다. 노극수가 술과 안주, 뱃사공들에게 나누어줄 음식 등을 가지고 왔습니다. 배에서 내려 돌아갔습니다. 충순위 정당이 와서 물품을 하나하나 헤아리며 챙겼습니다. 기생 여남은 명이 생황, 타악기, 취주 악기 등을 가지고 탔습니다. 그런데 이날은 회간국비 한씨의 기일이었으므로 음악을 연주하지는 않았습니다. 채소만으로 밥을 먹었습니다. 유생 백유량(白惟良)이 배 위로 올라와 인사하고 함께 유람하기로 했습니다.

이날 밤에는 달이 대낮처럼 밝았습니다. 은빛 윤슬이 잘 닦아 놓은 거울에서처럼 반짝거렸습니다. 천근과 옥초가 함께 나타나 바닷물을 온통 불태워 버리기라도 하는 것 같았습니다. 나는 이러한 바다의 모습을 마치 제사상 위에 올려놓기라도 한 것처럼 조심스럽게 바라보았습니다. 뱃사공들이 번갈아 부르는 노래가 검은 바닷물에 부딪혀 돌아왔습니다. 바다 속에서 교룡이 울고 있는 듯도 했습니다.

설핏 잠들었다가 얼핏 깨었습니다. 시간이 자정을 넘어서고 있는지, 남쪽 하늘 한 가운데 삼성이 빛나고 있었습니다. 이때 동쪽에서 조금씩 바람이 불어오기 시작했습니다. 뱃사공들은 재빨리 돛을 펼치고 노를 거두어들였습니다. 그리고 다시 배를 정돈한 후 물길을 거슬러 올라갔습니다. 잠시 후에 뱃사공 중 한 사람이 어느새 하동 땅을 지나고 있다고 알려주었습니다.

우리 일행은 서로를 베개 삼아 어지럽게 누워 잠들었습니다. 김흥이 가져 온 담요와 겹이불은 그 폭이 매우 넓었습니다. 나는 처음에 그 가장자리를 얻어서 잠이 들었는데, 점차 그 속으로 팔다리를 뻗어가 내 자리를 마련했습니다. 그리고 결국은 김흥을 이부자리 밖으로 밀어냈습니다. 우리는 종종 다른 사람이 우리집에 있는 나의 물건을 갑자기 빼앗아가 자신의 소유로 삼는데도 이를 알지 못합니다. 이는 우리가 흐리멍덩한 꿈의 세계에 빠져들었기 때문입니다. 어찌 아니겠습니까?

十六 日

새벽빛이 밝아올 무렵 섬진 포구 부근에 다다랐습니다. 수군수군 서로의 잠을 깨우는 말소리가 들렸습니다. 이런 소리 중에는 이미 곤양(昆陽) 땅을 지났다는 말도 있었습니다. 해가 막 떠오를 때는 일만 이랑의 물결이 붉게 불타오르는 듯했습니다. 섬진강 양쪽의 검푸른 산이 물결 아래 거꾸로 누워서 일렁거렸습니다. 누군가 퉁소를 불자 또 누군가 북을 쳤습니다. 이어서 목청 좋은 이가 노래를 부르자 그 노랫소리가 멀리까지 퍼져 나갔습니다.

드디어 멀리 서북쪽 십 리쯤에 구름 낀 산이 보이기 시작했습니다. 산은 구름 사이에 삽날을 꽂아 놓은 것처럼 솟아올라 있었습니다. 이곳이 바로 지리산의 바깥쪽입니다. 우리는 모두 함께 목을 길게 빼고 바라보았습니다. 그리고 펄쩍펄쩍 뛰어 오르며 이렇게 말했습니다. "방장산(方丈山)이 삼한 밖에 있다고 했으나 이미 멀지 않은 곳에 있습니다."

눈 깜짝할 사이에 악양현(岳陽縣)을 지났습니다. 강가에 삽암(鍤岩)이라는 이름의 바위가 있습니다. 바위 모양이 삽날처럼 꽂혀 있기 때문에 삽암이라고 부릅니다. 이곳은 곧 고려의 은자 한유한(韓惟漢)이 숨어 살았던 곳입니다. 한유한은 장차 난리가 일어날 것을 알고 아내와 자식을 이끌고 이곳으로 와 은거했습니다. 조정에서 대비원녹사 벼슬을 내리며 그를 불렀습니다. 하지만 바로 그 날 밤에 달아나 버렸습니다. 아무도 그가 간 곳을 알지 못했습니다.

나라가 이제 막 망해갈 때는 임금이 현자를 좋아하는 일 따위는 없습니다. 아—! 어찌 이런 일이 있겠습니까? 선한 사람을 칭찬하는 일은 당연합니다. 그러나 선한 사람을 칭찬하는 일만이라면 이는 현자를 좋아하는 척하는 것일 뿐 실제로 현자를 좋아하는 것은 아닙니다. 이는 섭자고(葉子高)가 용을 좋아하는 일보다도 못합니다. 망해가는 나라의 형세에는 아무 도움도 줄 수 없습니다.

나는 문득 술 한 병을 청한 후 잔에 가득 따랐습니다. 그리고 삽암에 살았던 은자 한유한의 일을 생각하며 거듭 깊은 한숨을 내쉬었습니다.

정오가 가까워올 무렵 화개현 도탄(陶灘)에 배를 댔습니다. 어리숙해 보이는 시골 사람들이 고깔 모양의 모자를 쓰고 와서 인사했습니다. 곧 악양현과 화개현에서 일하는 아전들이었습니다. 또 옷깃이 둥근 단령포를 입은 사람 서너 명이 와서 인사했습니다. 곧 김홍이 다스리는 진주목에서 규찰과 권농을 담당하는 관원들이었습니다. 양쪽 강 언덕의 산마을은 높고 낮은 비탈을 따라 이어져 있습니다. 산마을 사이로는 밭 자락이 종횡으로 뻗어 있습니다. 하지만 제대로 농사를 짓는 곳은 열 자락 중 한 자락에 지나지 않았습니다. 그렇다 하더라도 이 밭 자락은, 임금의 교화가 이 궁벽한 골짜기에까지 스며들었던 흔적입니다. 이로써 예전에는 이곳 백성들의 재물이 넉넉했다는 사실을 알 수 있습니다.

도탄에서 한 마장 쯤 떨어진 산자락에 유학자 정여창(鄭汝昌)의 옛 집이 있습니다. 정여창은 천령(天嶺) 사람으로 곧 하늘에 맞닿은 봉우리와도 같은 우리 유학의 종장입니다. 학문의 연원을 찾고 이를 독실하게 실천했습니다. 이로써 우리 유학의 실마리를 열어 주었습니다. 아내와 자식을 데리고 산으로 들어왔다가 나중에 예문관검열과 안음현감(安陰縣監)을 지냈습니다. 그러나 벼슬에 나아갔던 일로 인해 결국은 연산군에게 죽임을 당하고 말았습니다.

도탄은 삽암으로부터 십 리 정도의 거리에 있습니다. 밝고 환한 현자들의 다행과 불행은 어찌 운명이 아니겠습니까?

김홍과 이정이 먼저 쌍계석문(雙磎石門)에 이르렀습니다. 이 문은 곧 쌍계사(雙磎寺)가 있는 동천의 문입니다. 벼랑 바위가 길 양쪽에 서 있는데, 그 길이는 한 장(丈)이 넘을 듯했습니다. 신라의 학사 최치원(崔致遠)이 네 개의 글자를 썼습니다. 오른쪽 바위에는 '쌍계(雙磎)'라고 썼고 왼쪽 바위에는 '석문(石門)'이라고 썼습니다. 글자 획의 크기가 사슴의 정강이만합니다. 또한 그 각자는 바위의 뼈까지 들어가 있습니다. 지금까지 이미 육칠백 년이 흘렀는데 이후 몇 천 년이나 남아 있을지 알 수 없습니다.

서쪽에서 하나의 냇물이 흘러옵니다. 벼랑을 무너뜨리고 바위를 굴리며 저 일백 리 밖에서 이곳에 이른 것입니다. 곧 신응동(神凝洞)과 의신동(擬神洞)의 물입니다. 또 동쪽에서 하나의 냇물이 산모퉁이를 돌아 나옵니다. 구름 속에서 새어나와 산을 뚫고 흘러오는데, 까마득하여 그 연원을 알 수 없는 것입니다. 곧 불일암(佛日庵)이 있는 청학동(靑鶴洞)의 물입니다. 절이 두 냇물 사이에 있으므로 쌍계사라고 일컫습니다.

열 자(尺) 높이의 비석이 우뚝 서 있습니다. 귀부가 이 비석을 떠받치고 있습니다. 비석이 서 있는 곳은 절 문에서 스무남은 걸음 떨어진 절 문 밖입니다. 이것은 곧 최치원이 글을 짓고 글씨를 쓴 진감선사비(眞鑑禪師碑)입니다. 앞에는 높은 다락집이 있습니다. 현판에 팔영루(八詠樓)라고 적혀 있습니다. 뒤에는 비전(碑殿)이 있는데 짓는 중이라서 아직 기와는 덮여 있지 않습니다.

쌍계사 승려 혜통과 신욱이 차와 과자를 가져 왔습니다. 여기에 산나물까지 곁들여서 공손하게 대접해 주었습니다. 이날 밤 초저녁에 내가 느닷없이 구토와 설사를 했습니다. 이에 음식도 먹지 못하고 누워 있어야 했습니다. 이희안이 서쪽 곁방에서 함께 묵으며 나를 간호해 주었습니다.

十七 日

산새들 날아오르는 소리가 들리는 아침이었습니다. 김홍이 문병하러 왔습니다.

김홍은 또 느닷없는 소식을 전해 주었습니다. 전라도의 어란포와 달량포에 왜선이 올라왔다는 것이었습니다. 이에 유람 계획을 취소했습니다. 서둘러 식사를 마쳤습니다. 막 돌아가려고 하면서 간략한 술자리를 마련했습니다. 우리보다 앞서 호남의 유생 김득리, 허계, 조수기, 최연 등이 쌍계사에 와 있었습니다. 이들도 법당으로 불렀습니다. 술은 한 잔씩만 마시고 음악도 한 번만 연주했습니다. 다들 움직이는 모습이 급박했습니다. 문인 공치규(孔稚珪)가 쓴 「북산의 산신이 보내는 경고의 글(北山移文)」에 나오는, 나뭇가지 날리는 이야기를 나눌 겨를도 없었습니다.

어제 배를 타고 오면서 잠시 웃음엣말을 나누기는 했습니다. 김홍은 허리에 자줏빛 띠를 매고 있었습니다. 이에 나는 이렇게 말했습니다. "이것은 바로 토끼와 원숭이를 묶어놓는 물건입니다. 이 토끼와 원숭이가 도리어 벼슬아치를 묶어서 멀리 데려갈까 무섭습니다." 그리고 손뼉을 치며 한 바탕 크게 웃었습니다. 그런데 과연 이 같은 일이 일어나고 말았습니다.

다만 한스러운 일은 우리 일행이 수행으로 기른 공력이 부족하다는 점이었습니다. 이 때문에 우리는 늙은 벗 하나를 지킬 수 없었습니다. 우리는 더불어 정좌하여 직녀가 베를 짤 때 쓰는 지기석(支機石) 위로 올라갈 수 있었습니다. 이를 통해 몸통 속을 잡스럽게 채우고 있는 세상의 티끌을 한 점 남김없이 깨끗하게 뱉어낼 수 있었습니다. 우리는 또 금화산(金華山) 같은 지리산의 무한한 정기를 빨아들일 수 있었습니다. 이로써 만년에 필요한 양식의 절반쯤은 얻을 수 있었습니다. 그런데 이와 같이 할 수 없었습니다.

기생 봉월, 옹대, 강아지, 귀천은 남도록 했습니다. 피리 부는 천수도 남도록 했습니다. 다른 사람들은 모두 돌아갔습니다.

종일토록 큰비가 그치지 않았습니다. 어두컴컴한 구름이 사방을 채우고 있었습니다. 산 밖 인간 세상에서 보면 몇 겹의 비와 구름이 이곳을 막고 있는 것인지 알 수 없었을 것입니다.

정오에 호남 쪽 역참의 관리가 종사관의 편지를 가지고 왔습니다. 봉수대에서 알렸던 것은 왜선이 아니라 우리 조정의 조운선 몇 척이라고 했습니다. 이는 더욱 안타까운 일입니다. 김홍의 골상은 지리산과는 연분이 없었던 것입니다. 이에 김홍은 신선의 일을 엿볼 시간을 잠시 동안만이라도 허락받지 못했습니다. 그래도 김홍은 오히려 무량수불(無量壽佛)의 계율을 닦은 사람이었습니다. 술과 말린 고기가 줄줄이 들어와 서로를 바라보았습니다. 전하는 말을 담은 서찰이 잇달아 도착했습니다. 신선들의 음식을 만들 주방도 갖추어졌습니다. 그리고 강국년이 이 모든 물품을 챙겨 주었습니다. 덕분에 우리 일행은 모두 '옥 끼니'와 '계수나무 잠자리' 걱정에서는 놓여날 수 있었습니다. 강국년은 진주목의 아전입니다.

이날 이정의 집안 사람인 이응형이 쌍계사로 찾아 왔습니다. 저녁이 가까워올 무렵 이공량이 설사를 하더니 끙끙거리고 앓기 시작했습니다. 또 어스름이 깔리기 시작할 때는 이정이 가슴과 배의 통증을 호소했습니다. 먹은 것을 두어 말통(斗)이나 토해 냈습니다. 배가 쥐어짜는 듯하다고도 하고 뒤집는 듯하다고도 했습니다. 그 증상이 점점 더 심해졌습니다. 그러더니 나중에는 또 급하게 설사를 했습니다. 소합원을 먹도록 해도 효과가 없었습니다. 참기름을 마시도록 해도 효과가 없었습니다. 예전부터 가까이 했던 기생 강아지가 그 머리맡에서 이정을 간호했습니다. 새벽녘에 이르러서야 비로소 안정을 되찾았습니다.

이정은 아침에 아무 일도 없었다는 듯 일어나 머리를 들고 이렇게 말했습니다. "지난밤에는 가슴 통증이 너무 심해서 도저히 견딜 수가 없었습니다. 마치 죽을 것만 같았습니다. 그러나 내가 비록 죽더라도 그대들이 지켜보는 가운데 죽을 것이니 그리 암담하지만은 않았습니다. 내가 어찌 여인네의 손에서 죽을 수 있었겠습니까?" 이에 여러 사람들이 이정을 위로하며 이렇게 말했습니다. "그대는 '겁(劫)의 사나이'입니다. 장생하려는 생각은 항상 중요한 것입니다. 이런 까닭에 사람들은 잠시 하찮은 질병에 걸렸을 때조차 목숨을 아낍니다. 그러나 죽고 사는 일은 또한 어마어마한 일입니다. 어찌 이와 같이 하찮은 질병 때문에 잘못되겠습니까?"

四

⑩ ⑧ ⑪

산길이 진창으로 변해 있었습니다. 불일암 쪽으로는 올라갈 수
없었습니다. 냇물이 크게 불어나 있어 신응동 쪽으로도 들어갈
수 없었습니다. 이에 쌍계사에 그대로 머물렀습니다.

호남순변사 남치근(南致勤)이 이공량에게 술과 음식을 보내 왔
습니다. 이공량이 종사관 이준민의 아버지이기 때문이었습니다.
진사 하종악(河宗岳)의 노비 청룡(青龍)이 술과 생선을 가져 왔
습니다. 의정부사인을 지낸 정황(丁熿) 또한 노비를 통해 술과 생
선을 보내왔습니다. 신응사(神凝寺) 지음승 윤의(允誼)가 찾아와
인사했습니다. 내 동생 조환이 타고 온 말이 병이 났습니다. 접천
(蝶川) 밖에 진(塵)이라는 이름을 가진 사람이 있었는데 이 사람
에게 말을 보내 병을 다스리도록 했습니다. 밤에는 이희안과 함
께 금당 옆의 서쪽 방장실에서 잤습니다.

⑩ ⑨ ⑪

서둘러 아침을 먹었습니다. 막 청학동으로 들어가려고 할 때였습
니다. 이공량과 이정이 몸이 아파 함께 갈 수 없다고 말했습니다.

진실로 알 수 있습니다. 속세와 완전하게 단절된 땅은 '진정한 비
결(眞訣)'을 터득한 경우가 아니라면 천지신명이 받아들여주지
않습니다. 이공량과 이정은 예전에 한번 청학동에 들어가 보았던

일이 있었습니다. 그러나 이것은 아직 꿈처럼 흐리멍덩한 것이었을 뿐, '진정으로 이르렀다(眞到)'고 할 수는 없는 것입니다. 이를 김홍과 비교해 보면 그래도 조금의 간격은 있습니다. 그렇다 하더라도 이는 또한 나중에 일어난 일일 뿐 별반 차이가 없습니다.

나는 기억하고 있습니다. 나는 일찍이 세 번 청학동에 들어갔던 일이 있습니다. 그러나 속세의 인연을 아직 깨끗하게 없애버리지는 못했습니다. 송나라 재상 장사손(張士遜)은 나이 여든에 벼슬에서 물러나 관직이 없는데 성문의 문지기들이 그가 누구인지 알아보지 못합니다. 이에 그는 "일찍이 재상의 자리에 세 번이나 올랐다"며 옛일을 돌이켜 봅니다. 그렇다면 나는 재상의 자리라 하더라도 청학동에 들어갔던 일을 양보하지 않을 것입니다. 그러나 신선 여암(呂巖)이 악양(岳陽)에 들어갔던 일이라면 양보할 것입니다. 여암은 "세 번 악양 땅에 들어갔으나 사람들은 나를 알지 못했다"고 읊었습니다. 여암과 비교한다면 나는 아직 크게 미치지 못했습니다. 나는 이를 잘 알고 있습니다.

이날 아침에는 또 김경이 청학동에 들어가는 일을 사양했습니다. 몸이 아프다며 기생 귀천을 데리고 떠났습니다. 김경은 이때 나이가 일흔일곱 살이었는데 오르막길에서도 날아갈 듯 걸었습니다. 처음에는 천왕봉(天王峯)에 오르고자 하는 의욕을 보여주기까지 했습니다. 그 뜻이 크고 기상이 꿋꿋했습니다. 마치 재주넘기를 배워 오기라도 한 것 같았습니다. 호남 유생 네 사람, 백군과 이군은 함께 갔습니다.

원숭이 바위를 향해 북쪽으로 올라갔습니다. 나뭇가지에 매달렸고 잔도(棧道)를 탔습니다. 원우석과 천수와 기생 둘이 선두 대열을 이루었습니다. 원우석은 허리에 찬 북을 쳤고 천수는 긴 피리를 붙였습니다. 그리고 여러 사람들이 앞서거니 뒤서거니, 꼬챙이에 꿰어 놓은 물고기 꾸러미와도 같이 나아가며 중간 대열을 이루었습니다. 강국년, 요리사, 종복, 짐꾼 수십 명이 후미 대열을 이루었습니다. 쌍계사의 승려 신욱이 앞에서 길을 이끌어 주었습니다.

중간에 큰 바위가 하나 있었습니다. '이언경홍연(李彦憬洪淵)'이라는 글자가 새겨져 있었습니다. 원숭이 바위에도 또한 '시은형제(柿隱兄弟)'라는 글자가 새겨져 있었습니다. 이들은 썩지 않는 바위에 각자를 새겨 억만 년 동안 전해지기를 원했을 것입니다.

그러나 대장부의 이름은 푸른 하늘의 환한 해와 같습니다. 역사가가 역사책에 기록하고 온 세상 사람들의 입에 오르내리는 것입니다. 그렇다면 얼크러진 덤불 사이의 어느 바위에 이름을 새기는 일은 구구하기만 합니다. 원숭이와 너구리가 사는 이 산중에서 그 이름이 썩지 않기를 바라는 일은 우스꽝스럽기만 합니다. 이는 새의 그림자를 보고 어떤 새가 날아간 것인지 알고자 하는 일보다 못한 일입니다. 새의 그림자만으로 후세 사람들이 어떤 새가 날아간 것인지 과연 어떻게 알겠습니까? 장수 두예(杜預)의 이름이 전해지는 것은 비석을 물 속에 세웠기 때문이 아닙니다. 그의 이름이 전해지는 것은 그가 『춘추좌씨전(春秋左氏傳)』에 훌륭한 주해를 달았기 때문입니다.

열 걸음 걷고 한 번 쉬었습니다. 열 걸음 걷고 아홉 번 돌아보았습니다. 비로소 불일암이라고 말하는 곳에 도착했습니다. 이곳은 곧 청학동입니다.

위를 올려다보니 깎아지른 바위 멧부리가 허공에 매달린 듯했습니다. 아래에서는 그 전체적인 형상과 규모를 살펴볼 수 없었습니다. 동쪽으로는 가파르고 험한 산봉우리들이 분기탱천하여 하늘을 찌를 듯 북받쳐 올라 있습니다. 날카로움을 서로 양보할 줄 모르는 것이 곧 향로봉(香爐峯)이라 일컫는 곳입니다. 서쪽으로는 푸른 암벽이 깎아 세운 것처럼 버티고 서 있습니다. 굳세고 씩씩한 모습의 이 일만 길 낭떠러지가 곧 비로봉(毗盧峯)이라 일컫는 곳입니다. 이곳 바위틈에는 청학(靑鶴) 두세 마리가 둥지를 틀고 살았다고 합니다. 이 청학은 이따금씩 바위틈에서 나와서는 바람을 타고 빙빙 돌기도 하고 날개를 퍼득이며 하늘 위로 날아올랐다가 내려오기도 했다고 합니다.

불일폭포 아래에는 청학이 내려왔다는 학연(鶴淵)이 있습니다. 학연은 검푸르고 어두컴컴하여 바닥이 보이지 않았습니다. 상하 좌우로 절벽이 둘러싸고 있는데 폭포가 층과 층을 이룬 후에 또 다시 층을 이루며 쏟아져 내립니다. 갑자기 소용돌이치며 도는가 하면 어느새 합쳐집니다. 폭포 주변으로는 풀과 나무가 우거져 있습니다. 물고기도 헤엄쳐 갈 수 없고 새도 날아갈 수 없습니다. 약수(弱手)는 기러기 털조차 뜨지 않기 때문에 아무것도 건너갈 수 없습니다. 그런데 이곳 학연을 보면 갈 수 없는 곳은 약수뿐만이 아님을 알 수 있습니다.

바람과 우레가 요란한 소리로 뒤얽힙니다. 하늘과 땅이 열리다가 닫히는 듯하고 밝지도 않고 깜깜하지도 않습니다. 문득 물과 바위를 구분할 수 없습니다. 알 수 없습니다만 이곳에는 온갖 신선의 무리가 숨어 있는 것이 틀림없습니다. 이 안에는 화산(華山)을 둘로 쪼갰던 거령(巨靈)이 숨어 있을 것입니다. 꼬리가 긴 교룡과 등이 짧은 거북 또한 웅크리고 있을 것입니다. 이들은 몸을 굽혀 자신의 일부를 서로의 집에 감추어 두었을 것입니다. 이로써 이곳은 만고의 세월 동안 보호하여 사람들이 접근하지 못하도록 했습니다. 어떤 호사가(好事家)가 나무를 잘라서 다리를 만들어 놓았습니다. 겨우 그 입구까지 들어가 이끼 낀 바위를 긁어내 보면 '삼선동(三仙洞)'이라는 세 글자가 새겨져 있습니다. 하지만 또한 언제 새겨놓은 것인지는 알 수 없었습니다.

이희안, 내 동생 조환, 유생 원우석, 그리고 몇몇 사람들이 나무를 타고 아래로 내려갔습니다. 이곳저곳 서성거리다가 허리를 숙여 무엇인가를 들여다 본 후에 올라왔습니다. 나이가 젊고 다리가 튼튼한 사람들은 모두 향로봉 쪽으로 올라갔습니다. 얼마 후에 다시 불일암에 모여 '물에 만 밥(水飯)'을 먹었습니다. 불일암을 나와 소나무 그늘 아래 모여 앉았습니다. 그리고 서로 셀 수 없이 술잔을 주고받았습니다. 노래를 부르고 피리를 불었습니다. 그 소리가 얼마나 큰지 뇌고 일만 면을 두드리는 듯했습니다. 그 메아리가 바위 봉우리를 찢고 돌아왔습니다.

동쪽을 바라보면 폭포가 아래로 쏟아집니다. 폭포는 백 길 아래로 떨어져 학담(鶴潭)으로 흘러들었습니다. 나는 이희안을 돌아보며 말했습니다. "만약 물이 만 길이나 되는 골짜기를 만난다면 무슨 일이 일어나겠습니까? 물은 아래로 내려가는 것이니 곧바로 내려갈 것입니다. 다시 의심하거나 뒤를 돌아 볼 일이 없을 것입니다. 이 학연이 바로 그렇습니다." 이희안은 주저없이 "그렇습니다"라고 대답했습니다.

기분이 상쾌해졌습니다. 그러나 마냥 머물러 있을 수는 없었습니다. 곧 불일암 뒤쪽의 산등성이로 올라갔습니다. 꾸불꾸불 돌아서 지장암을 찾아갔습니다. 목단화(牧丹花)가 활짝 피어 있었습니다. 한 줄기에 피어 있는 것이 말통 하나에 들어갈 만큼 컸습니다. 꽃은 짙은 다홍색이었습니다. 지장암에서는 곧장 아래로 내려왔습니다. 한번 출발해서는 종종걸음으로 걸어서 두서너 마장 내려온 후에 한번씩 쉬었습니다. 이렇게 해서 금세 쌍계사로 돌아왔습니다. 양고기를 삶기 시작했다면 아마도 '양의 어깨뼈(羊胛)'가 익을 정도의 짧은 시간이었을 것입니다.

처음 산을 오를 때는 한 걸음을 위로 올려놓으면 다시 한 걸음을 올려놓기가 몹시 힘들었습니다. 그런데 종종걸음으로 내려올 때는 다만 발을 조금 들기만 해도 몸이 저절로 아래로 밀려 내려 왔습니다. 과연 선을 따르는 일은 산을 오르는 것과 같습니다. 어찌 아니겠습니까? 악에 빠지는 일은 산을 내려오는 것과 같습니다. 어찌 아니겠습니까?

이공량과 이정이 팔영루에 올라와 있다가 우리를 맞이해 주었습니다. 이날 밤에는 이공량, 이희안과 함께 금당 옆의 동쪽 방장실에서 묵었습니다.

신응사(神凝寺)로 들어갔습니다. 이 절은 쌍계사에서 십 리 쯤 떨어진 곳에 있습니다. 이곳으로 가는 길에 허름한 객점(客店) 두어 곳을 지났습니다. 신응사로부터 일백 걸음 쯤 떨어진 곳에 이르렀을 때 칠불사 쪽에서 흘러내려온 냇물을 건너야 했습니다.

이에 말에서 내린 후 줄지어 앉아 잠시 쉬었습니다. 물살이 제법 세차고 험했습니다. 말의 마구와 짐을 모두 내렸습니다. 그리고 이것들을 등에 지고 물을 건넜습니다. 신응사 주지승 옥륜(玉崙)과 지음승 윤의가 절 문 밖까지 나와 우리를 맞이해 주었습니다.

신응사 문 앞에서 절로 들어가지 않고 곧장 냇물의 너럭바위 위로 달음박질쳐 올라가 줄지어 앉았습니다. 이공량과 이정에게 자리를 양보하여 너럭바위에서 가장 높은 자리에 앉도록 했습니다. 그리고 이렇게 말했습니다. "비록 엎어지고 자빠지는 상황에 처한다 하더라도 그대들은 이 자리를 잃지 말도록 하십시오. 물에 빠지기라도 한다면 다시 올라올 수 없을 것입니다." 그러자 이공량과 이정은 웃으면서 대답했습니다. "청컨대, 빼앗으려고나 하지 마십시오." 새로 내린 비에 냇물이 꽤나 불어나 있었습니다.

물은 바위에 부딪히며 치솟아 올랐다가 다시 부서져 내렸습니다. 혹은 일만 곡(斛)의 아름다운 구슬이 거침없이 쏟아지는 것 같았습니다. 묵은 기운을 내뿜고 새 기운을 들이 마시는 듯도 했습니다. 혹은 일천 번의 격렬한 우레가 거듭하여 일어나는 것 같았습니다. 씩씩거리고 으르렁거리는 소리가 겹쳐서 났습니다.

어슴푸레한 모습이, 마치 은하수가 가로로 뻗어 있는데 뭇 별들이 떨어져 내리는 것과도 같았습니다. 신선이 사는 요지(瑤池)에서 잔치가 끝난 후 비단 방석이 이리저리 흩어져 있는 것은 아닌가 하는 의심이 들기도 했습니다. 갈맷빛의 물고랑은 용과 이무기가 검푸른 비늘을 숨겨 놓은 듯했습니다. 얼마나 아득한지 그 깊이를 알 수 없었습니다. 여기저기 튀어나온 바윗돌은 소와 말이 떼 지어 머리를 드러내는 것과도 같았습니다. 얼마나 많은지 그 숫자를 헤아릴 수 없었습니다. 물살이 격렬한 구당협 정도라야 견줄 수 있을 듯한 모습이었습니다. 그 변화가 들쭉날쭉한 것이 진실로 이것은 변화를 담당하는 조물주가 노련한 손재주를 한껏 발휘한 것임에 틀림없습니다. 익살스러우면서도 극적인 것이 그 솜씨를 조금도 감추지 않았습니다.

우리는 서로를 바라보며 눈을 휘둥그렇게 떴습니다. 시 한 수를 읊어보고자 했으나 지을 수 없었습니다. 노래하고 피리 부는 소리 따위는 큰 항아리 속에서 나나니벌이 앵앵거리는 것과 그리 다를 바 없었습니다. 제대로 된 소리를 낼 수 없었습니다. 이러한 일들은 그저 계곡의 신이 우리를 놀림거리로 삼았기 때문일 것입니다.

신응사의 승려가 술과 과일을 내어 왔습니다. 그리고 받침 있는 술잔에 술을 따라 건네며 위로하는 말을 해주었습니다. 우리 또한 유람을 위해 가지고 온 술과 과일을 권했습니다. 다들 서로를 바라보며 술잔을 주고받았습니다. 바위 위에서 손으로 춤을 추고 발로 뜀을 뛰었습니다. 마음껏 즐긴 후 자리를 마무리했습니다. 내가 억지로 시(詩) 한 편을 지었습니다. ― 계곡의 물보라는 농업 신 신농(神農)의 벽옥인 듯합니다. 짙어가는 산의 빛깔은 봄신 청제(靑帝)의 얼굴인 듯합니다. 겸손하면서도 지나치지 않고 뽐내면서도 자처하지 않습니다. 애오라지 그대들을 마주하여 바라봅니다.

저녁에는 신응사의 서쪽 승방에서 묵었습니다. 자리에 누워 경전의 말씀을 묵송(黙誦)했습니다. 또한 이로써 사람들에게 경계하는 말을 했습니다. ― 이름난 산에 들어온 사람이라면 그 누가 마음을 씻어내려 하지 않겠습니까? 누가 스스로를 사욕으로 가득한 소인배라고 자처하겠습니까? 그러나 결국 군자는 군자이고 소인은 소인입니다. 하루 동안 햇볕을 쪼여 주고 열흘 동안 춥게 내버려 두는 것으로는 유익할 것이 없다는 것입니다.

큰 비가 내렸습니다. 하루 종일 그치지 않았습니다. 김사성이 홀연히 인사를 하고 떠났습니다. 비를 무릅쓰고 용감하게 나갔습니다. 유생 백유량도 함께 떠났습니다. 기생 셋과 악공도 따라 갔습니다. 나머지 사람들은 호남에서 온 여러 유생들과 하루를 보냈습니다. 사문루(沙門樓)에 앉아서 불어나는 냇물을 구경했습니다.

비는 아침에도 여전했습니다. 이날 저물녘에야 개기 시작했습니다. 계곡의 바위들이 모두 물에 잠겼습니다. 더 이상은 이곳으로 들어올 수도 없고 이곳으로부터 나갈 수도 없는 형편이었습니다. 우리는 백등산(白登山)에서 포위당했던 한고조 유방(劉邦)과 비슷한 처지였습니다. 일행의 수가 마흔 명이 넘었습니다. 양식이 모자랄까 걱정스러워 가지고 온 양식 자루를 헤아려 보았습니다. 그리고 식사량을 평소의 절반으로 줄였습니다. 하지만 술은 헤아릴 수 없을 만큼 남아 있었습니다. 수십 병은 넘을 듯했습니다. 대부분의 사람들이 술 마시는 일을 좋아하지 않았던 까닭입니다. 호남의 선비 기대승(奇大升)이 일행 열한 명과 함께 비에 갇혀 고생한다는 소식이 들려 왔습니다. 이들은 천왕봉에 올랐다가 아직 내려오지 못하고 있다고 했습니다.

쌍계사와 신응사가 자리잡은 곳은 모두 지리산의 한 가운데입니다. 푸른 산봉우리가 하늘 높이의 장벽을 세우고 흰 구름이 문을 닫아걸고 있습니다. 아마도 주변 마을에서 밥 짓는 연기조차 여기로는 들어올 수 없을 것입니다. 그렇지만 관아의 부역은 오히려 없어지지 않아, 쌀자루를 짊어지고 부역에 나가는 승려들의 발걸음은 끊이지 않습니다. 결국 부역에 지친 승려들은 절을 떠나 사방으로 흩어지고 있습니다. 이에 이 절의 승려들이 나에게 고을 목사에게 보낼 편지를 부탁했습니다. 이로써 부역을 십분의 일이라도 줄여보고자 하는 것이었습니다. 이들이 따로 하소연할 데가 없음을 가련하게 여겨 편지를 써 주었습니다.

산속 승려들이 이와 같으니 산골 백성들의 형편은 보지 않아도 알 수 있었습니다. 정치가 가혹하고 부역은 과중하여 집과 마을을 떠나 들판을 유랑합니다. 아버지와 아들이 서로를 돌보지 못합니다. 백성의 처지를 걱정하는 일은 조정 벼슬아치들의 도리입니다. 그런데 우리는 스스로 백성을 등지고 앉아 있었습니다. 그리고는 유유자적 여유를 즐기고자 했습니다. 그렇다면 이 즐거움이 어찌 진정한 즐거움이었겠습니까?

이공량이 벼루 보자기를 펼쳐 놓고는 시 한 구절을 청했습니다. 이런 시를 적어 주었습니다. ─ 높은 물결 위에서 천둥과 번개가 다투는 듯했습니다. 신묘한 산봉우리 위에서 해와 달이 숫돌을 가는 듯했습니다. 물이 있고 산이 있는 마음의 집에서 고담준론을 나누었습니다. 그렇다면 우리의 소득은 과연 무엇과 같았겠습니까?

이정이 나를 이어 이런 시를 벼루 보자기에 적었습니다. ─ 냇물이 하얗게 튀어오르는 것이 일천 겹의 눈을 쏟아 놓은 듯했습니다. 숲이 푸르게 열리는 것이 일만 길의 청색 물감을 쏟아 놓는 듯했습니다. 한없이 흐르는 것이 신묘한 이치가 콸콸대는 것과 같았습니다. 우뚝 서 있는 것이 의젓한 본보기를 보이는 것과 같았습니다.

아침에 산에서 나가려(出山) 할 때였습니다. 주지승 옥륜이 아침 식사를 챙겨 주며 우리를 배웅했습니다. 지리산에 크고 작은 가람이 얼마나 많은지 다 알 수는 없습니다. 그래도 신응사의 맑은 물과 기이한 바위는 그 중 최고입니다.

나는 삼십 년 전에 성우(成遇)와 함께 천왕봉에 올랐다가 내려오면서 이곳을 찾은 일이 있습니다. 그리고 이십 년 전에는 하중려와 함께 이곳에 와서 여름 내내 머물렀던 적도 있습니다. 그런데 성우와 하중려는 이미 모두 신선이 사는 곳으로 떠났습니다. 그리고 이번에는 나만 홀로 이곳에 와 있었습니다. 이 일은 마치 이미 오래 전에 은하수에 이르렀으나, 어느 때에 뗏목이 오는지 알지 못하는 것과 같습니다. 나는 아득한 마음으로 뗏목을 기다렸습니다.

법당 불단에 목단화를 가져다 놓았는데 용과 뱀처럼 꿈틀거리는 줄기를 꽃 사이에 함께 꽂았습니다. 이것이 꽃을 더욱 기특하게 만들어 주고 있었습니다. 바깥쪽으로 난 들창 '국화동(菊花童) 못'에도 목단화 다발을 걸어 두었습니다. 이번에는 꽃을 복숭아나무 가지와 묶어 꽃이 휘지 않도록 했습니다. 이에 법당 안은 다섯 가지 색깔이 사람의 눈을 휘황하게 했습니다. 이는 모두 우리나라 선사(禪寺)에서는 아직 볼 수 없었던 것입니다.

신응사에서 구례현의 나루터까지는 약 이십 리 거리입니다. 쌍계사까지는 십 리 거리입니다. 사혜암(沙惠菴)까지도 십 리 거리이고 칠불사까지도 십 리 거리입니다. 천왕봉까지는 하루면 갈 수 있습니다. 절을 나서서 칠불사 쪽 물줄기까지 내려 왔습니다. 옥륜과 윤의가 냇물 위에 가름대 나무를 가로질러 다리를 만들어 주었습니다. 덕분에 우리는 모두 천천히 걸어서 편안하게 냇물을 건넜습니다. 냇물을 따라 내려갔습니다. 쌍계사 근방에 이르렀을 때 쌍계사에서 혜통과 신욱이 냇물을 건너와 우리를 배웅했습니다. 건장한 승려 서너 명이 함께 와서 혜통과 신욱이 냇물 건너는 일을 도왔습니다.

예닐곱 마장을 더 내려가 말에서 내려 냇물을 건너고자 할 때였습니다. 며칠 전 말을 돌보아 주었던 양마인과 촌부 여럿이 찾아왔습니다. 이들은 닭백숙과 소주를 가지고 와서 우리를 대접했습니다. 또 악양현의 아전들이 대나무 가마를 준비해 왔습니다. 이에 모두 이 가마를 얻어 타고 냇물을 건넜습니다. 냇물은 세차고 험난했는데 바닥의 흰돌이 드러나 보일 정도였습니다. 그래도 우리 일행은 종복들까지도, 엎어지거나 넘어지는 사람 하나 없이 물을 건넜습니다. '편안하게 잘 건넜다'고 할 만한 일이었습니다. 누구인들 이처럼 편안하게 냇물을 건너고 싶어 하지 않겠습니까? 그러나 때에 따라 이는 이로울 수도 있고 이롭지 않을 수도 있습니다. 또한 운명이 아니겠습니까?

냇물을 건너 여덟아홉 마장 쯤 갔을 때였습니다. 노비 청룡과 그 사위가 우리를 위해, 술과 함께 생선과 고기 등을 소반에 차려 내놓았습니다. 도읍의 시장에서 먹는 것과 다를 바 없을 만큼 맛이 좋았습니다. 청룡의 처인 수금(水金)도 함께 와서 인사했습니다. 청룡과 수금은 예전에 서울에 살 때, 이공량과 이정이 그 부부의 인연을 맺어주었습니다. 이에 인사를 온 것이었습니다. 우리는 모두 이들 부부의 일에 대해 실없는 웃음엣말을 주고받았습니다.

배에 올라 점심을 먹었습니다. 악양현 앞에서 배를 내려 현창(縣倉)으로 들어가 잤습니다. 이정이 현창 동쪽 서너 마장 거리에 사는 족숙모를 뵈러 갔습니다.

새벽 닭 울음소리를 들으며 흰죽을 먹었습니다. 곧 길을 나서 동쪽의 큰 고개를 올랐습니다. 이 고개는 삼가식현(三呵息峴)이라고 부릅니다. 고갯마루가 가로로 하늘과 맞닿아 있어 사람들이 몇 걸음도 걷지 못하고 세 번씩 숨을 몰아쉰다고 해서 이와 같은 이름을 붙였다고 합니다. 지리산의 원기(元氣)가 백 리가 넘는 이곳까지 흘러오고 있었던 것입니다. 나무들 또한 그 가지를 꼿꼿하게 치켜들고 있었습니다. 그리고 아직은 그 위세를 줄이거나 낮추려 하지 않았습니다.

이희안이 이정의 말을 탔습니다. 홀로 채찍을 휘두르며 앞장서서 올라갔습니다. 고갯마루 가장 높은 곳에 말을 세웠습니다. 그리고는 말에서 내려 바위 위에 걸터앉아 휘휘 부채질을 했습니다. 다른 사람들은 모두 한 걸음 한 걸음 앞으로 나아갔습니다. 사람과 말이 흘리는 땀이 마치 빗물과 같았습니다. 얼마 후 다들 고갯마루에 닿았습니다. 나는 면전에서 이희안을 나무라며 이렇게 말했습니다. "그대는 말을 탄 기세에 의지하여 나아갈 줄만 알고 그칠 줄은 알지 못했습니다. 그렇다면 훗날 의로움을 추구해야 할 때에도 그대는 분명히 다른 사람의 앞자리를 차지할 수 있을 것입니다. 또한 좋은 일이 아니겠습니까?" 이희안은 부끄러워하며 이렇게 말했습니다. "나는 이미 그대가 쏘아붙이는 말을 할 것이라고 짐작하고 있었습니다. 나는 정말로 내 잘못을 알고 있습니다."

그 사이 이정은 지리산 쪽을 두리번거렸습니다. 지리산은 짙은 먹구름에 가려져 어느 쪽에 있는지 알 수 없었습니다. 이정은 탄식하며 이렇게 말했습니다. "산은 지리산보다 큰 것이 없습니다. 게다가 한눈에 바라볼 수 있을 만큼 가까운 곳에 있습니다. 그런데도 여러 사람이 눈을 부릅뜨고 찾아보아도 오히려 볼 수가 없습니다. 하물며 현명함이라면 어떻겠습니까? 현명함이란 지리산보다 클 수도 없습니다. 가까워도 눈앞에서 볼 수는 없습니다. 밝아도 여러 사람이 눈으로 살필 수 있는 것도 아닙니다."

다 함께 사방의 산줄기를 살펴보았습니다. 남쪽에 비취색을 띠며 솟아오른 가장 높은 봉우리는 남해현의 망운산입니다. 동쪽에 여기저기 흩어져서 또아리를 틀듯 웅크리고 있는 것은 하동현과 곤양군의 산들입니다. 또 그 너머의 동남쪽에 솟아올라 하늘의 먹장구름과도 같이 까마득하게 보이는 것은 사천현의 와룡산(臥龍山)입니다. 그리고 그 산과 산 사이로 사람의 핏줄과도 같이 얽히고설켜 있는 것은 강과 바다와 물길과 포구입니다. 이것들은 우리 몸의 경락(經絡)과도 같이 오갑니다.

위(魏)나라의 산하가 적과 싸우기에 좋다고 하지만 산하의 견고함은 위나라의 보물만은 아닙니다. 우리 땅은 바다의 만경창파(萬頃蒼波)가 앞을 가로막고 있습니다. 백 치(雉)나 되는 성곽 같은 산줄기에 의지할 수 있습니다. 그런데도 오히려 보잘것없는 섬 오랑캐들이 우리 백성들을 죽이고 노략질하는 일이 잦았습니다. 그렇다면 어찌 베 짜는 과부와 같은 나라 걱정을 하지 않을 수가 있겠습니까?

하동현의 횡포역(橫浦驛)에는 생각보다 늦게 도착했습니다. 심한 허기가 느껴졌습니다. 먹을거리 행상을 메고 다니는 이공량에게서 말린 꿩고기와 과자 몇 조각을 얻어먹었습니다. 또 추로주(秋露酒)도 한 모금 마셨습니다.

한낮 즈음에는 두리현(頭理峴)를 넘었습니다. 큰 나무가 있는 샘터에서 말을 내려 잠시 쉬었습니다. 다들 갈증이 심했는지, 찬 샘물을 두어 표주박씩 들이켰습니다. 이때 샘터에 말을 탄 관원 한 명이 홀연히 나타났습니다. 직령포를 입었는데, 또 베로 감싼 갓을 쓰고 소박한 짚신을 신었습니다. 그는 나푼나푼 걸어가 이정을 보고는 그 옆에 자리를 잡고 앉았습니다. 어디로 가는지 묻자 광양현 향교의 교관이라고 했습니다. 꿩 한 마리가 꾸어꾸엉 울었습니다. 이백이 활을 들어 시위에 화살을 얹은 후 꿩 울음소리가 나는 쪽으로 살금살금 다가갔습니다. 하지만 꿩은 화들짝 날아가 버리고 말았습니다. 모든 이들이 이 모습을 보고 웃었습니다.

산속에서 구름과 물 가운데 있을 때는 구름과 물이 아니면 눈에 들어오지 않았습니다. 그런데 산 아래 세상으로 내려와 있을 때는 별다른 것이 없었습니다. 광양현 교관이 지나쳐 간 일과 꿩이 날아간 일 정도가 오히려 우리의 눈길을 끌었습니다. 그렇다면 우리가 눈으로 보는 것을 어떻게 마음으로 기르지 않을 수 있겠습니까?

저녁에 정수역(旌樹驛)에 도착했습니다. 역 앞에 정씨 부인의 정려문이 세워져 있습니다. 정씨 부인은 조지서(趙之瑞)의 아내인데, 또 문충공 정몽주(鄭夢周)의 현손입니다. 조지서는 의로운 사람이었습니다. 간언하는 말이 세찬 바람처럼 휘몰아치니, 벽 너머에 있는 이들까지 '오한으로 덜덜 떠는 병증(寒慄)'이 생길 정도였습니다. 조지서는 연산군에게 선왕의 위업을 물려받을 능력이 없다는 사실을 알았습니다. 이에 벼슬에서 물러나 은거했습니다. 그러나 결국은 화를 면하지 못했습니다. 조지서가 죽을 때 정씨 부인은 재산을 몰수당하고 성 쌓는 일에 끌려 다녔습니다. 그리고 젖먹이인 두 아이를 업고 떠돌아야 했습니다. 하지만 신주(神主)를 지고 다니며 아침저녁으로 제사를 지냈습니다. 두 사람이 함께 절개와 의리를 지키는 일이 지금 또한 있었던 것입니다.

높은 산을 보고 큰 물을 보았습니다. 얻은 바가 없는 것이 아니었습니다. 특히 세 군자 한유한과 정여창과 조지서의 모습은 높은 산과 큰 물에 견줄 수 있는 것이었습니다. 높은 산에 견주어 본다면 이들은 열 번 겹쳐 쌓은 봉우리 꼭대기에 '하나의 옥'을 올려놓은 것과 같습니다. 큰 물에 견주어 본다면 이들은 천 이랑으로 출렁거리는 물결에서 '하나의 달'이 생겨나는 것과 같습니다.

바다와 산 삼백 리 길을 지나왔습니다. 그리고 어제와 오늘 하루 사이에 세 군자의 흔적을 만나 보았습니다. 물을 보고 산을 보고 사람을 보고 세상을 보았습니다. 산 속에서 열흘 동안은 좋은 생각을 품었습니다. 그런데 어제 오늘 하루 동안은 이 좋은 생각이 슬픔과 걱정으로 바뀌었습니다. 나는 훗날의 재상이 악양정에서 정수역에 이르는 이 길로 와보기를 바랍니다. 나는 알 수 없습니다. 훗날의 재상은 이 길에서 무슨 생각을 할 수 있겠습니까? 산을 오를 때 살펴보니, 바위에 새겨 놓은 이름이 많았습니다. 하지만 세 군자의 이름은 어느 바위에도 새겨져 있지 않았습니다. 그래도 이 세 군자의 이름은 장차 반드시 만 년 후까지 전해질 것입니다. 그렇다면 바위에 이름을 새기는 일이 어찌 만고의 역사를 바위로 삼는 것과 같을 수 있겠습니까?

김홍이 요리사를 정수역의 역관으로 보내 술과 음식을 준비하도록 했습니다. 요리사는 이미 사오 일 전부터 기다렸다고 했습니다. 생원 이을지(李乙枝)가 와서 인사했습니다. 조지서의 증손서(曾孫壻)인 수재 조원우(曹元佑)가 와서 인사했습니다. 날이 저문 이후에는 이을지의 아버지가 술을 가지고 찾아 왔습니다. 조지서의 손자인 조광후(趙光珝) 또한 찾아 왔습니다.

밤에는 정수역의 점막(郵店)에서 묵었습니다. 방 크기가 너무 작아서 겨우 말통만 했습니다. 한껏 허리를 구부리고 들어갔는데 방에서는 편안하게 발을 펼 수도 없었습니다. 게다가 벽은 바람을 가리지도 못했습니다. 처음에는 답답하여 도저히 견딜 수 없을 것 같았습니다. 그러나 나중에는 네 사람이 머리와 베개를 주고받으며 잠이 들었습니다. 잠자리를 달게 여기며 밤을 보냈습니다.

그렇다면 무엇인가를 익히고 익숙해지는 일의 이치를 알 수 있습니다. 잠깐 사이에 종종걸음 쳐서 아래로 내려갑니다. 앞 사람도 같은 사람이고 나중 사람도 같은 사람입니다. 이전에 청학동에 들어갔을 때는 곤륜산의 낭풍(閬風)에라도 들어간 것 같았습니다. 하지만 이런 일조차 오히려 만족스럽지 못했습니다. 신응동에 들어갔을 때는 신선의 요지(瑤池)에서 잔치라도 벌이는 것 같았습니다. 하지만 또한 이런 일조차 오히려 만족스럽지 못했습니다. 이에 다시 은하수를 넘어 하늘에서 가장 높은 청소(靑霄)로 올라가고 싶어 했습니다. 또 학을 타고 하늘로 솟구쳐 올라가고 싶어 했습니다. 문득 이 풍진 세상으로는 다시 내려오려고 하지 않았습니다. 그런데 나중에는 땅강아지가 구멍을 파서 만든 것 같은 방에서 몸을 굽히고 자야 했습니다. 하지만 또한 오히려 이를 달게 여겼습니다.

자신의 처지를 편안하게 여긴다 하더라도, 자신을 기르는(養) 일은 높지 않아서는 안됩니다. 처신하는 일은 작고 낮아서는 안됩니다. 또한 이와 같은 일을 통해, 선한 행동은 익히는 습관으로부터 말미암고 악한 행동은 탐내는 습관으로부터 말미암는다는 점도 알 수 있습니다. 위를 향해 가는 사람도 이 사람이고, 아래를 향해 종종걸음치며 내려가는 사람도 또한 이 사람입니다. 이는 단지 발을 한 번 들어 올려 어디로 내딛는가 하는 차이일 뿐입니다.

역관에서 아침을 먹었습니다. 이제 각자 사는 곳으로 흩어져 돌아가야 했습니다. 우리의 얼굴빛은 어둑어둑했고 마음은 한쪽이 텅 빈 것 같았습니다. 다들 발을 떼지 못하고 머뭇거리고 있었습니다.

이공량은 서울에 집을 가지고 있습니다. 이정은 사천현으로 돌아가고 이희안은 초계군으로 돌아갑니다. 나는 삼가현에 살고 있습니다. 김홍은 충청도 보은현 사람입니다. 다들 나이가 쉰 살이 넘었습니다. 예순 살이 넘은 이도 있고 일흔 살에 가까운 이도 있습니다. 각자가 사는 곳이 이삼백 리, 오백 리, 일천 리까지도 떨어져 있습니다. 우리가 훗날 다시 만날 일은 정말로 기대하기 어렵

습니다. 어찌 이별을 아쉬워하지 않을 수 있었겠습니까? 이정이
술잔에 술을 가득 붓고는 말했습니다. "이 이별에 무슨 할 말이
있겠습니까? ˝눈을 마주보며 한참 동안 할 말을 잊는다˝ 는 말
이 과연 이것일 듯합니다." 우리는 모두 말을 잊었습니다. 그리고
발걸음을 떼어 말에 올라 길을 떠났습니다.

칠송정(七松亭)에 이르러 상고대에 올랐습니다. 배를 타고 다회탄
(多會灘)을 건넜습니다. 이공량은 강을 따라 아래로 내려갔습니
다. 이정은 다시 한 마장 쯤 더 가서 이별했습니다. 나와 이희안은
마음이 쓸쓸하기만 했습니다. 망연한 것이, 그들을 이미 잃기라도
한 것 같았습니다. 저녁에 뇌룡사에서 자고, 또 이희안과 이별했습
니다. 벗들이 떠나는 것이 화살이 막 활시위를 떠날 때처럼 빠르기
만 했습니다. 새벽별이 점점 멀어지는 것만 같았습니다. 어수선하
고 싱숭생숭했습니다. 정말로 봄 여인의 마음만 같았습니다.

여러 사람들이 나에게 이번 지리산 유람에 대해 기록해 주기를
청했습니다. 내가 자주 지리산에 들어가 보아서 산에서 있었던
일을 잘 알 것이라고 여겼기 때문입니다. 나는 일찍부터 이곳 지
리산을 왕래했습니다. 양당촌 덕산동(德山洞)에 다녀온 것이 세
번이었고, 이번에 유람한 청학동과 신흥동에 다녀온 것이 세 번
이었습니다. 청암산 용유동(龍遊洞)에 다녀온 것이 또한 세 번이
었습니다. 백운동(白雲洞)에도 한번 다녀왔고, 장항동(獐項洞)에
도 한번 다녀왔습니다.

어찌 다만 산을 탐내고 물을 탐내서, 번거로움을 꺼려하지 않은
것이겠습니까? 나는 이미 오래 전부터 화산(華山)과도 같은 지리
산 한 모퉁이를 얻으려는 계획을 가지고 있었습니다. 이로써 늙
은 몸을 마무리할 거처로 삼고자 했던 것입니다. 그러나 세상일

이라는 것이 마음대로 되지는 않는 법입니다. 이에 더 머물 수 없음을 알고 머뭇머뭇거리고 어정어정거리다가, 또 이리저리 헤아려보다가 눈물을 쏟으며 돌아 나오곤 했습니다. 그리고 이렇게 한 것이 이제는 열 번이 넘었습니다.

지금의 나는 박덩굴과도 같은 모습으로 농막에 매달려 있습니다. 지금 내 신세는 걸어 다니는 시체와 다를 바 없습니다. 더욱이 이번 지리산 유람은 한 번 더 가기는 힘들지 않을까 싶은, 어려운 발걸음이었습니다. 어찌 애가 타지 않겠습니까? 일찍이 나는 이렇게 읊은 적이 있습니다. "지리산에서도 황소 갈비뼈와도 같은 골짜기를 여남은 번 오르내렸습니다. 하지만 삼가현에만 세 번 집을 지었습니다. 그리고 겨울 까치처럼 살고 있습니다." 나는 또 이렇게 읊었습니다. "몸을 보전하려는 여러 가지 계획이 모두 어긋나고 말았습니다. 지리산은 지금 이미 나의 맹세를 등졌습니다."

우리는 모두 길을 잃은 사람들입니다. 어찌 나만 세상일을 잊지 못하고 정처 없이 사방을 떠돌아다니는 사람이라고 할 수 있겠습니까? 어찌 나만 돌아갈 곳이 없는 사람이라고 할 수 있겠습니까?

다만 술에 취해 아무것도 아는 것이 없는 사람으로서 이 일에 대해 먼저 말할 뿐입니다. 세상에 내놓기 전에, 함께 유람한 벗들에게 이 글을 보내니 검토해 주십시오.

남명(南冥) 조식(曺植) 건중(楗中)이 씁니다.

조식의
지리산
유람기,

—

유두류록

초판 1쇄 발행	2023년 11월 20일
초판 2쇄 발행	2024년 10월 20일

원문	조식
주해하여 옮김	이상영

발행인	이지순
편집	이상영, 이남우
디자인	BESTSELLER BANANA
교정	한바다
마케팅&관리	성윤석

발행처	뜻있는도서출판
주소	경상남도 창원시 성산구 중앙대로 228번길 6 CTR빌딩 3층
전화	055-282-1457
팩스	055-283-1457
전자메일	ez9305@hanmail.net
등록번호	제567-2020-000007호

ISBN 979-11-971175-7-2

정가 13,000원